鐵道世紀

圖解台灣

走吧！乘坐台灣銀河鐵道，
來趟時空打卡環島之旅

*Taiwan Railway
centuries*

李欽賢 著

自序
台灣鐵道美學再發掘

立足文化觀點，用彩筆發掘「鐵道美學」，是筆者當初畫老車站與蒸汽火車的動機。從車站出發探訪當地產業和聚落源起；繪蒸汽火車要知道每一台火車的製造廠，出品年份乃至型號與身世。一頭栽進鐵道建築和動力機具的探索，至今已踰二十二年，鐵道情緣難了，以後仍會鎖定鐵道圖像做為終身學習，與繼續深掘的繪畫主題。

鐵道是隨科技進步不斷在變化的一種運輸工具，從早期的蒸汽機關車，中經柴油車牽引，到車廂前端附設駕駛座的氣動車，直至鐵路電氣化時代來臨。舉凡列車的速度與車種，車站的形式與建材，行車安全措施一再提升，以及解決交通瓶頸的鐵路地下化和高架化等等，鐵道風景急遽變遷，部分已埋進鐵道史斷面中的鐵道考古學材料，便成為本書的基本架構。

原先只是為鐵道寫生而追火車，未料追出源遠流長的鐵道史觀，調查資料與田野踏查，是筆者「雙刀流」的鐵道體驗。由繪畫帶進寫作，就是不停地畫，狂熱的讀。閱覽日文鐵道月刊及鐵道書，是每天必修的功課，鐵道新知廣大深博，藉各家鐵道觀點，再去比對本地的鐵道歷程，可以培養出對照性與宏觀度。

摸索鐵道文化二十數載的前提利器，有些是借力筆者長年的美術史訓練。最初是研究藝術家成長、求學的足跡，專程踏上藝術家的鐵道動線，從此搭火車搭出癮來，也藉他們的鐵道車窗之見聞，求出藝術家生命史與作品論的關係。鐵道予台灣風景畫帶出無遠弗屆的視野，也是不可否認的事實。

將鐵道視為一種文化，有政策的、經濟的、軍事的、科技的諸多背景，它帶動通學、商旅、貨運、移防、郵務的快捷，加速教育、產業、城鎮與資訊的發達。每一座車站，每一部火車都可以說故事，這本書即是要用自繪白說的方式，從輕鬆角度漫談台灣鐵道一世紀經緯。

台灣土地面積雖小，但百年來的鐵道極富多元化，有幹線、支線，也有林鐵、糖鐵、礦鐵或已消失的鐵道。還有晚進的北迴線與南迴線，圓一場環島鐵路的大夢。更近的就是高速鐵道，準確快速又極具時尚的輸運大動脈，縮短了台灣南北一日生活圈的距離，成為這個時代的交通新寵。

鐵道風景日新月異，如今又昇華為豐富有趣的知性文化，這也是撰寫本書所要求的高度，期以趣味性加上欣賞性，所以才有很多筆者手繪的鐵道圖像穿插在字裡行間。降低鐵道為實用的記錄功能，將鐵道與藝術融合為一，企圖創出鐵路有情世界。

感謝晨星出版社執行編輯胡文青先生的催促，筆者才有實踐鐵道與藝術對話的機會。待本書付梓之後，正在更新中的車站仍會變動，當然也盼望台灣鐵道文化因而升等，並提高品質。

李欽賢

2016.08.11

目次

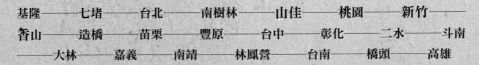

基隆────七堵────台北────南樹林────山佳────桃園────新竹────香山────造橋────苗栗────豐原────台中────彰化────二水────斗南────大林────嘉義────南靖────林鳳營────台南────橋頭────高雄

一覽即懂

台灣環島鐵道形勝圖與豆知識

找一找

32 個台灣火車站與日本車站同名？

找一找表格內有幾站——

日本松山驛

臺 東 北 線

花蓮港海岸間往復旅客運賃：二等 八錢；三等 五

營業哩程

																					海岸
																				花蓮港	0.7
																			荳蘭	1.4	2.1
																		吉野	1.5	2.9	3.6
																	初音	2.2	3.7	5.1	5.8
																賀田	2.6	4.8	6.3	7.7	8.4
															壽	2.9	5.5	7.7	9.2	10.6	11.3
														豐田	1.7	4.6	7.2	9.4	10.9	12.3	13.0
													溪口	2.6	4.3	7.2	9.8	12.0	13.5	14.9	15.6
												平林	2.3	4.9	6.6	9.5	12.1	14.3	15.8	17.2	17.9
											林田	1.6	3.9	6.5	8.2	11.1	13.7	15.9	17.4	18.8	19.5
										鳳林	2.6	4.2	6.5	9.1	10.8	13.7	16.3	18.5	20.0	21.4	22.1
									馬里勿	3.1	5.7	7.3	9.6	12.2	13.9	16.8	19.4	21.6	23.1	24.5	25.2
								馬太鞍	4.1	7.2	9.8	11.4	13.7	16.3	18.0	20.9	23.5	25.7	27.2	28.6	29.3
							大和	4.9	9.0	12.1	14.7	16.3	18.6	21.2	22.9	25.0	28.4	30.6	32.1	33.5	34.2
						拔子	1.8	6.7	10.8	13.9	16.5	18.1	20.4	23.0	24.7	27.6	30.2	32.4	33.9	35.3	36.0
					瑞穗	5.8	7.6	12.5	16.6	19.7	22.3	23.9	26.2	28.8	30.5	33.4	36.0	38.2	39.7	41.1	41.8
				三笠	6.1	11.9	13.7	18.6	22.7	25.8	28.4	30.0	32.3	34.9	36.6	39.5	42.1	44.3	45.8	47.2	47.9
			末廣	3.6	9.7	15.5	17.3	22.2	26.3	29.4	32.0	33.6	35.9	38.5	40.2	43.1	45.7	47.9	49.4	50.8	51.5
		玉里	3.6	7.2	13.3	19.1	20.9	25.8	29.9	33.0	35.6	37.2	39.5	42.1	43.8	46.7	49.3	5.15	53.0	54.4	55.1
	安通	3.0	6.6	10.2	16.3	22.1	23.9	28.8	32.9	36.0	38.6	40.2	42.5	45.1	46.8	49.7	52.3	54.5	56.0	57.4	58.1
大庄	3.0	6.0	9.6	13.2	19.3	25.1	26.9	31.8	35.9	39.0	41.6	43.2	45.5	48.1	49.8	52.7	55.3	57.5	59.0	60.4	61.1

1924 年台東北線鐵道里程與旅客運賃表，可找一找與日本同站名的車站

西部幹線（縱貫線、內灣線、屏東線）

松山、板橋、桃園、富岡、竹中、橫山、富貴、豐富、豐原、大山、日南、清水、追分、大村、田中、水上、新市、大橋、岡山、竹田、東海

東部幹線（宜蘭線、北迴線、台東線）

大里、龜山、中里、新城、平和、豐田、南平、大富、瑞穗、池上、關山

日本追分驛

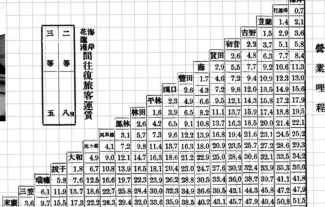

猜一猜

圖解蒸氣火車頭
銘板數字密碼

　　常見經典蒸汽老火車的車頭正面銘板上標示著如 BK、BT、CK、CT、DT、EK、LCK、LDK、LDT 等英文字以及數字編號，到底是表示什麼涵意呢？可從圖解瞧一瞧戰後台灣鐵路蒸汽火車頭的編號標示。

K →水櫃型，
即車頭兩側有水櫃

B →兩個動輪

24 →流水號，
BK10 型

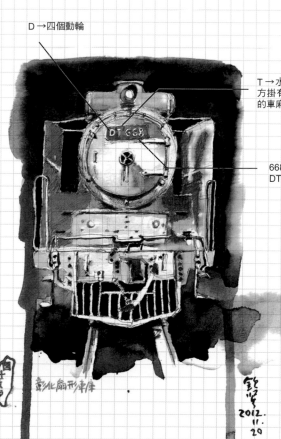

D →四個動輪

T →水車型，車頭後
方掛有一輛載煤和水
的車廂

668 →流水號，
DT650 型

彰化扇形車庫

2012. 11. 20

　　以此類推，戰後蒸汽火車英文字所代表的意思，B →兩個動輪；C →三個動輪；D →四個動輪。K →水櫃型；T →炭水車型。至於 L 則是行駛在東部鐵道窄軌（Light）的機關車。

超時空

台灣環島鐵道形勝圖

來一趟今昔車站大旅遊

1908 年從海外來台祝賀縱貫線全通式的來賓之一
「義勇艦櫻丸」

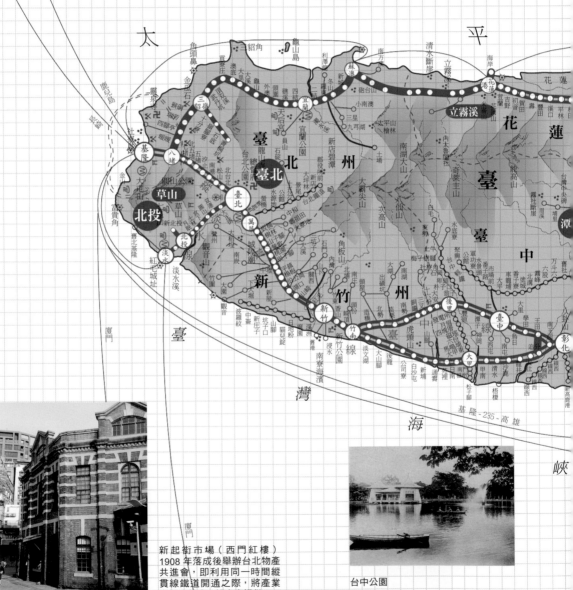

新起街市場（西門紅樓）
1908 年落成後舉辦台北物產
共進會，即利用同一時間縱
貫線鐵道開通之際，將產業
與觀光結合 / 胡文青提供

台中公園

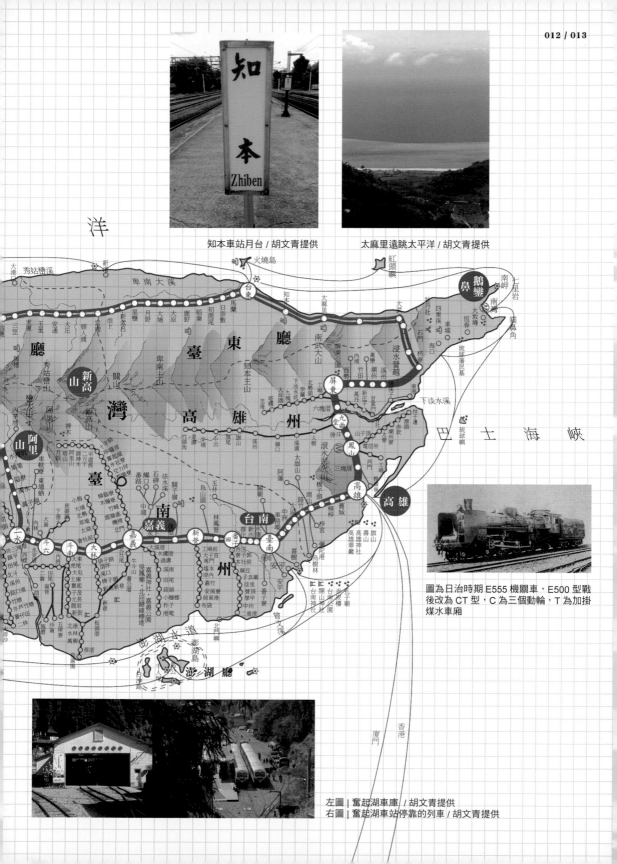

知本車站月台 / 胡文青提供　　太麻里遠眺太平洋 / 胡文青提供

圖為日治時期 E555 機關車，E500 型戰後改為 CT 型，C 為三個動輪，T 為加掛煤水車廂

左圖｜奮起湖車庫 / 胡文青提供
右圖｜奮起湖車站停靠的列車 / 胡文青提供

1930 旅遊時代票選台灣八景十二勝

「八景」——基隆旭岡、淡水、八仙山、日月潭、阿里山、壽山、鵝鑾鼻、太
　　　　　魯閣峽

「十二勝」—草山、新店、大溪、角板山、五指山、獅頭山、八卦山、霧社、
　　　　　　虎頭埤、旗山、大里簡、太平山

「別格」——台灣神社與新高山（玉山）

1930 旅遊時代票選之台灣十二勝

五指山　八卦山　北投
大溪　大里簡　新店碧潭
霧社
旗山　草山
角版山　獅頭山

吃一吃

鐵道便當迷的最愛

　　發現自己的鐵路便當：台北鐵路餐廳、台中鐵路餐廳、高雄鐵路餐廳、車勤

服務部（七堵）、車勤花蓮分部、福隆、池上、關山、奮起湖、高鐵各站……

（　　　　　）、（　　　　　）、（　　　　　）、（　　　　　）

　　收集自己的鐵路便當風味輪──

奮起湖便當，龍鬚菜為
主要特色 / 胡文青提供

高鐵台中站的 Royal Host
日式便當小站 / 胡文青提供

阿里山線鐵盒便當
/ 呂立翔提供

高鐵台中站的台鐵便
當小站 / 胡文青提供

高鐵便當小站
/ 胡文青提供

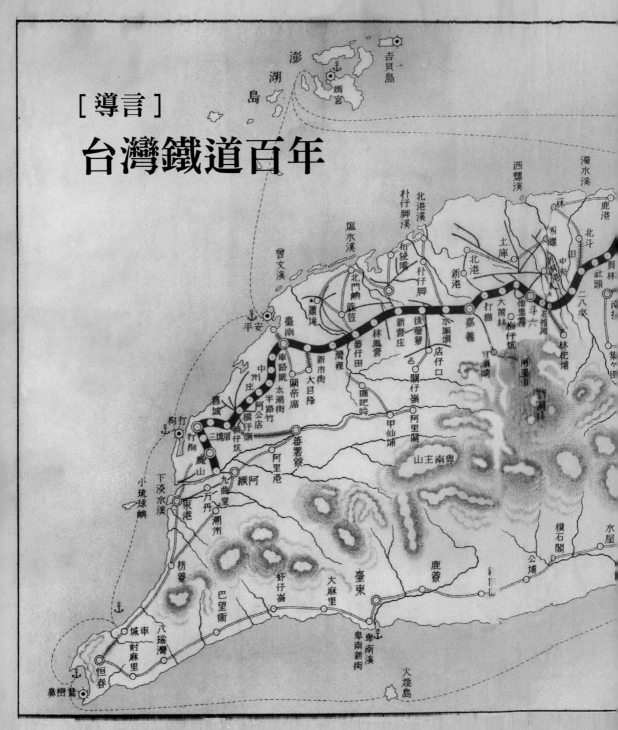

［導言］
台灣鐵道百年

1908 年台灣鐵道圖，縱貫線通車元年出版

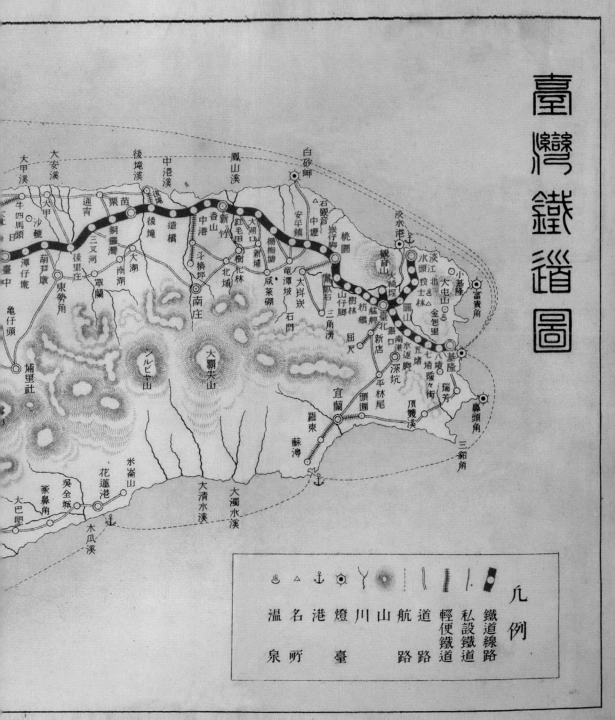

臺灣鐵道圖

凡例

| 鐵道線路 | 私設鐵道 | 輕便鐵道 | 道路 | 航路 | 山 | 川 | 燈臺 | 港 | 名所 | 温泉 |

劉銘傳鐵路改線

「劉銘傳鐵路」是權宜之計的概念名詞，其實它與現今的縱貫鐵道基隆到新竹段的線路，重疊的部分不多；但它確實是台灣第一條鐵路。劉銘傳的先覺者角色，的確有其前瞻性，有行動力，可是一直沒有完全發揮鐵路的利點到達極致之時，就被草率收場，誠屬可惜。結果，台灣第一條鐵道，懸在基隆與新竹之間，甚至也擱置各地方產業開發的構想。未料，台灣第一條鐵路好不容易完工的兩年後，1895 年日本已領有台灣。在日本鐵道規格的標準下，劉銘傳鐵路遭到廢棄，幾乎全線重來。

1895 年甲午戰爭，清廷敗北，依馬關條約，台灣主權讓渡予日本。日本軍於同年 5 月 29 日自台灣東北角澳底海岸（今福隆附近）沙灘上陸，越過三貂嶺攻陷瑞芳，6 月 3 日進占基隆。6 月 6 日，首任總督樺山資紀從基隆外海登陸，於清廷基隆關稅衙門成立臨時總督府，唯僅九天而已。

劉銘傳鐵路在兵荒馬亂中有所折損，同年 6 月 9 日，日軍鐵道隊於基隆、台北間試驗火車運轉。6 月 14 日，樺山資紀總督從基隆搭乘劉銘傳鐵路前往台北履新，卻沿途狀況頻出，經過六小時才抵台北城。隨同兵士形容這是一條半癱瘓的「肺病鐵道」。

日本正式統治台灣三個月之後，專業的鐵道工程隊已經抵達基隆，開始探勘是否有可以取代劉銘傳鐵路的線路，也就是須避開獅球嶺的陡坡，並正式進行台北以北的改線工程。結果，基隆、台北間的改良線放棄獅球嶺

1911 年基隆新竹間新舊比較線平面圖

隧道；另擇三坑仔平坦地段，
貫通竹子寮隧道至八堵，是
乃今日的縱貫鐵道新線。1898
年2月13日，舉行竹子寮隧
道開通式後，基隆、台北改良
線宣告通車，原來經獅球嶺的
這一段劉銘傳鐵路廢線。

　　日本領有台灣的兩年半之
內，連續換了三任總督，統治
台灣似乎沒有想像中的順遂。
直到1898年2月，日本內定
兒玉源太郎（1852-1906）為
第四任總督，立即起用後藤新
平（1857-1929）為總督府第
二把交椅的民政長官，兩人搭
檔合作無間，治理台灣才真正
步上軌道。

兒玉源太郎（右）與後藤新平（左）

竹　新　隆　基

後藤新平以醫生背景，主導環境衛生的改善，環境衛生首要的開挖下水道，得需都市計畫來配合，都市計畫一定不能缺乏城市美學的景觀設計。於是台灣近代化都市的誕生，如基隆、台北等都會的新市容，就是從後藤新平上任之後才開始出現的。

此外，台灣需要有一條交通大動脈，來連結南北生活圈。交通建設又可以促進產業開發，產業發達得要有良港相輔運作。所以縱貫鐵道建設，引進製糖工業，以及基隆、高雄的築港計畫，才能使台灣與日本接軌，這些全都是後藤新平出任民政長官後的大手筆。其中，台灣縱貫鐵路亦於 1908 年全線竣工。

兒玉和後藤這一對搭檔，尚來不及在台灣縱貫鐵路全通，皆已先後調離台灣。兒玉稍早提前遠赴日俄戰爭的

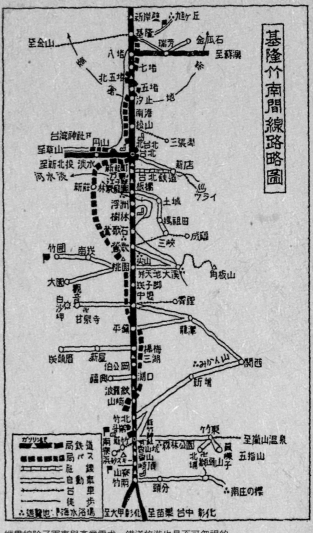

縱貫線除了軍事與產業需求，鐵道旅遊也是不可忽視的經濟藍海。圖為基隆竹南間鐵道略圖

中國東北戰場，出任滿州軍總參謀長，於戰後不久身亡。但是兒玉於日本勝利接收中國東北的鐵路權益後，成立南滿鐵道株式會社，兒玉生前極力推薦後藤新平擔綱南滿州鐵道株式會社的總裁，1906 年後藤離台後隨即前往出任總裁。南滿州鐵道株式會社是日本出資成立的最大型國策公司，以鐵路為首的多角化經營策略，實際上亦進行大規模的礦產開發，以圖確保日本薄弱的能源。

長谷川謹介（後列左二）

長谷川謹介

鐵道技師長——長谷川謹介

　1898年2月，第四任台灣總督兒玉源太郎起用後藤新平為民政長官，開始擘劃台灣交通大動脈，決定由官方出資建設台灣縱貫鐵路。後藤上任一個月之後（1898年3月）即成立「台灣鐵道敷設部」，同年11月改組為「台灣總督府鐵道部」，後藤以民政長官身分兼任鐵道部長，但是有關鐵道的規劃、測量、建造全權委託鐵道部首任技師長谷川謹介。

　兒玉源太郎總督是軍人，不是政治家，所以將所有政務都交後藤新平全權處理，根據這樣的信賴度，後藤亦非鐵道專家，因此凡鐵道建設業務，一切交長谷川謹介全權做主。

　1908年，台灣縱貫鐵道全通之際，日本《鐵道時報》登載了一則記者採訪，後藤新平說：「我是鐵道門外漢，一切交給長谷川謹介」。

　長谷川謹介1855年出生於山口縣，1871年入大阪英語學校，1874年畢業後進入中央鐵道機構「鐵道寮」工作。

　日本第一條鐵路東京到橫濱，1872年開通，全都是由英國人規劃、設計、採購而完成的。五年後的1877年，鐵道寮已升格為「鐵道局」，有鑒於到現在連排時刻表與駕駛員，仍然都是外國人，鐵道局遂有意自行培育鐵道人才，特別在大阪車站二樓創設「工技生養成所」，聘京阪鐵道外國人

技師為主任教授，招生對象以鐵道局裡具英語、數學能力的青壯員工。長谷川謹介就是第一期的學生。

翌年（1788）為了京都、大阪鐵道暢通，須鑿穿逢坂山的山岳隧道，工技生養成所學生也派到現場學以致用，一年後穿鑿成功，這是日本首次不借助外國技師，而完全由日本人獨立施工的隧道，長谷川謹介當然也參加了這場挑戰性的工程。

1880 年工技生養成所第一期畢業生，包括長谷川謹介在內，共十二名。但是兩年之後，由於工部大學校（東京大學前身）理工科已有了畢業生，土木、機械人才不虞匱乏，所以關閉工技生養成所。

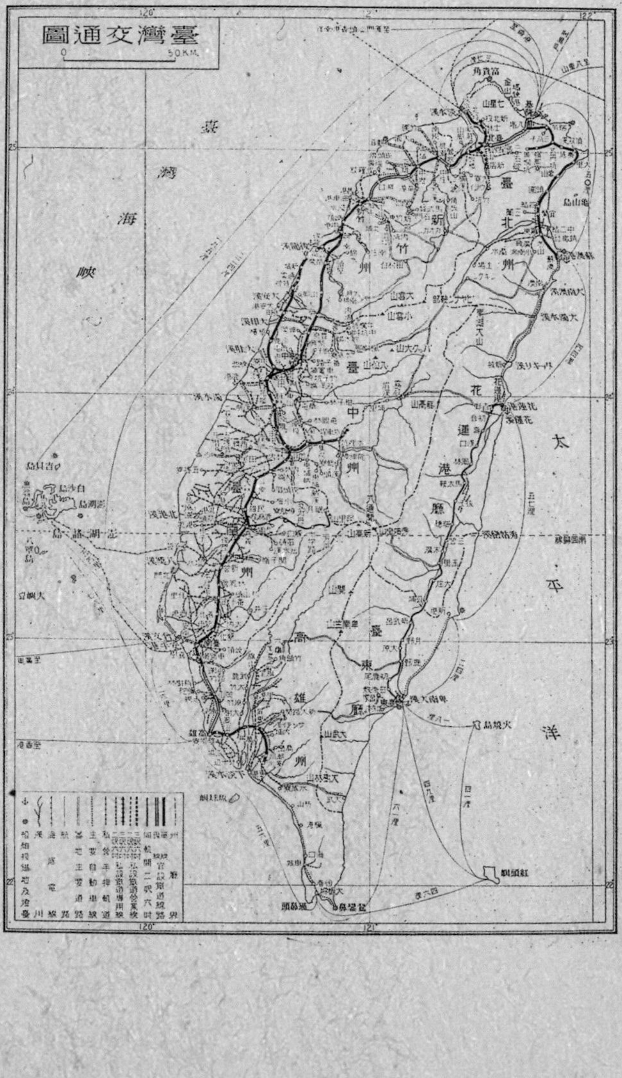

後藤新平兼任鐵道部長時，長谷川謹介受聘為鐵道技師長，後來也繼後藤新平升任總督府鐵道部長，直到 1909 年卸任。

長谷川謹介返日之後，被中央拔擢為日本「鐵道院」副總裁，1918 年於任期中急流勇退。投身台灣縱貫鐵道全程的建設，長谷川謹介被譽為「台灣鐵道之父」一點不為過。

1930 年代台灣交通圖

第一家新式糖廠

台灣縱貫鐵路全線通車，有了物流利器，才有招商的條件，總督府積極號召日本資本家來台灣投資。台灣第一家新式糖廠，居然由高雄橋仔頭（橋頭）雀屏中選，這全拜氣候、地利與交通之賜，在此奠下台灣糖業發展的基礎。其後大資本家紛至沓來，不同隸屬的各家製糖會社如雨後春筍般紛紛成立，遍布中南部各地，其中橋頭糖廠即是台灣機械製糖的濫觴。

日本統治台灣前三年，在治安上就耗掉許多時間與精力，導致施政空轉，1898年派兒玉源太郎來台接任第四任總督，指名後藤新平擔綱副手，委以內政全權操盤。任內他規劃台灣縱貫鐵道之外，推動台灣近代化進行都市計畫，改造舊城鎮為最新穎的街衢，街道兩旁開挖衛生工程之上下水道和樹立電線桿。

至於產業開發的對策，後藤新平一邊實施土地調查，同時重金禮聘農業專家新渡戶稻造（1862-1933）來台，於1901年拔擢為總督府殖產課長。

兒玉總督的燃眉之急是如何讓總督府財政獨立，不必仰賴中央補助？那麼台灣要怎樣才能自給自足？他催促新渡戶稻造提出台灣產業振興方案。

機械化的新式糖廠「橋仔頭工場」

新渡戶稻造

不久，一份由新渡戶稻造擬定的「糖業改良意見書」，已被兒玉總督細讀過兩遍。

總督召見新渡戶稻造，有以下一段對話：

「新渡戶君，你說砂糖產業是台灣財政獨立之根本的意見書，……行得通嗎？」
「技術上和學術上都沒問題，……做不做全看總督的決定。」
「好，新渡戶君，就照這樣辦！」

翌年（1902）新渡戶稻造升任糖務局長。同年，總督府頒布「台灣糖業獎勵規定」，確立糖業政策的基本大法。

新渡戶稻造1877年入北海道札幌農學校（今北海道大學），校長是麻薩諸塞州農業大學博士克拉克，這所學校完全模仿美國學制，學風相當自由，也非常注重外文能力。1884年新渡戶稻造赴美留學，1887年公費轉往德國深造。在德國期間，一位教授問他，「日本的學校沒有宗教教育，那又如何傳授道德課程呢？」新渡戶稻造一時愣住，無言以對。這積存在他心底三年之久的疑惑，終於在1900年出版的英文著作《武士道》一書中，始回應「武士道」是日本少年正邪善惡觀念形成之源。

1903年新渡戶稻造離台返回日本，出任京都帝國大學教授，短期間仍兼任台灣總督府技師，每年皆須來台灣出差。

新渡戶稻造的「糖業改良意見書」的「改良」，就是要革新以牛隻作為勞力的製糖土法之糖廍，提出「機械化、企業化和管理學」的經營策略為改良方針。「台灣糖業獎勵規定」的基本主張是「補助資本、確保原料和保護市場」，已然釋出招商利點，再加上總督早就親自上東京遊說，果然大實業集團紛紛摩拳擦掌，準備來台灣大展宏圖了。

縱貫鐵道興築中，提前完工的打狗（高雄）到台南，於1900年通車。

「三井物產」的大掌櫃益田孝（1848-1938），於同年立即召集深諳夏威夷製糖智識的武智直道（1870-1962）等人，試探到台灣設廠的可能性，經數度開會討論的結果，以當年的交通條件和土地之取得，相中了高雄橋頭，於1900年成立「台灣製糖株式會社」，1901年興建廠房，隔年開始製糖，台灣第一家新式機械製糖於焉誕生。

「三井物產」是三井財團旗下的事業之一，三井的發跡始於江戶時代首創「三井越後屋」，以標榜不二價的百貨業起家，即後來的「三越」百貨。從十九世紀到二十世紀前葉，三井是富可敵國的大財團。

高溫多濕的熱帶、亞熱帶是最適宜種植甘蔗，所以夏威夷與爪哇已是世界知名的蔗糖產地，但十九世紀時皆屬歐美國家的殖民地。

武智直道是橋頭糖廠創立的功臣之一，他出身夏威夷歐胡學院（OahuCollege），主修經濟學。曾經訪問夏威夷唯一種植甘蔗的茅夷島（Maui），接觸過島上的日本移民勞工，因而儲備了一些有關糖業的概念。

1905年台灣製糖株式會社擬設立橋頭第二工廠，由社長率領幹部考察夏威夷在茅夷島上的糖廠，看到有小火車行駛軌道運送原料的方式，相當適合在台灣的田野間操作。同時期，橋頭糖廠技師為引進爪哇苗種，考察爪

機械化的新式糖廠屏東阿緱工場

武智直道

哇歸來，亦認同窄軌蒸汽火車奔馳蔗園間的效率性。是以1906年，橋頭糖廠第二工廠成立，完全仿造夏威夷製糖工廠的規格，連大型機具也從火奴魯魯引進。從此橋頭生產的台灣糖和廠房模式，成為往後新製糖會社來台灣建廠的典範。

1907年橋頭糖廠一改幾年來以牛車軌道的輸運方式，向美國H.K.Porter工廠購買馬鞍型蒸汽小火車三部，於當年9月15日，正式上路，是乃台糖「五分仔車」始祖。

第一條糖鐵從橋頭升火出發，翌年（1908）縱貫鐵道全通，此期間，「新興製糖」、「明治製糖」、「大日本製糖」、「鹽水港製糖」、「帝國製糖」、「新高製糖」、「昭和製糖」等各大製糖會社相繼設立，糖廠之多，舉世無匹，共同包辦了台灣蔗糖生產，各廠區與原料區或蔗園間密布著「五分仔車」鐵道網。

1927年，武智直道升任台灣製糖株式會社的社長，長達十二年。其間台灣製糖株式會社亦不斷地擴張，分布到屏東、旗山、東港、車路墘（保安）、後壁、埔里等地設廠，甚至台北（大理街中國時報一帶）都有製糖工廠。戰前，台灣製糖會社旗下的屏東製糖所是全台首屈一指的超大型糖廠。

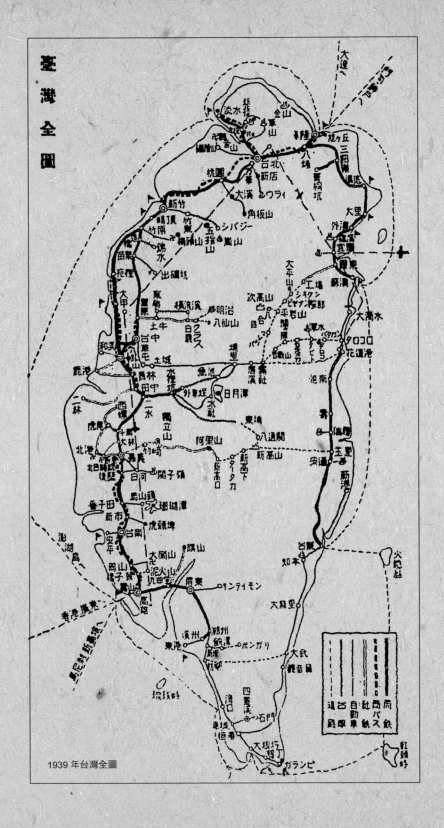

臺灣全圖

1939 年台灣全圖

縱貫鐵路通車式典

1908 年 4 月 20 日台灣縱貫鐵路全線通車，全長 408.5 公里。半年之後，選定鐵路中心點台中舉行通車大典。

台中是總督府有意開發的近代化都會，1903 年已預先開闢台中公園，通車式典即以台中公園為會場，因考慮當時台中簡易

台中公園內湖心亭

型木造驛不敷賓客使用，唯有公園的自然景觀比較開放，當局特別在園內天然湖畔趕建一座涼亭，做為貴賓休憩所。

涼亭現在稱「湖心亭」，或是大家習慣稱作「雙亭」，因為是由兩座涼亭組成，水波倒映，景致秀麗。1908 年建造雙亭時，正宗西洋建築技術還

新式紅磚造台中驛

沒有在台灣奠基，必須要等到 1910 年代近代產業來台投資，特別是製糖業興起，總督府稅收充足，才有經費大興土木，建蓋各地官廳、學校、郵局、醫院、裁判所等大型公共建築。建築師大都是東京大學建築系畢業生，他們的老師從留學國學習洋風建築工法，回國傳授給學生，學成之後不少人前往台灣，發揮這套新穎的西洋建築法。

因此台中公園的雙亭非純粹西式建築，而是一種「擬洋風建築」，基本工法是土產的，形式是模仿的，卻也建得不僅堅固，造型更是別出心裁。一百多年來已成為最富台中意象的袖珍建築。

這座雙亭不大，並非所有貴賓都擠得進去，貴賓中位階最高的人是閑院宮載仁親王，雙亭當是為他而起造的。

通車典禮之後，台中都市計畫如火如荼進展，改造後的台中終成為中部第一大城。1917 年依西洋建築理念與技術所建的紅磚造台中驛竣工啟用，也成為台中最顯著的新地標。

閑院宮載仁親王

閑院宮載仁親王

皇族閑院宮是明治維新前已存在的宮家，但是到明治時代已無子嗣，於是從伏見宮邦家親王第十六位王子，繼承閑院宮再興，當家之主就是載仁親王。伏見宮邦家親王第九王子，也去繼承北白川宮家，他就是北白川宮能久親王。還有，一八九五年奧援征台軍從布袋登陸的伏見宮貞愛親王，也是伏見宮邦家親王之子。因此這三位親王都是同父的親兄弟。

閑院宮載仁親王雖是繼北白川宮妃富子（詳見淡水線）來台的第二位皇族，但卻是宮家當主訪台的第一位皇族。

台灣古老火車站

　　經濟發展，商業往來促成城鄉人口移動，車站是城鎮的玄關，是遊子鄉愁的記憶。驛站，是人們行動範圍擴大的起點，也是漂鳥倦遊歸巢的終點，大小城鎮的車站，不僅是當地的地標，也是民眾出入鄉關的公共場域。

　　這樣的公共空間，隨著鐵道延伸生活作息，從而促進了很多人對遠方風景的嚮往，並產生對異地的距離感，這一切皆從車站開始。

　　擁有生活情報與生活機能的車站，是縱貫鐵路通車後，台灣人的新社會體驗。只要買一張車票，幾乎不分性別階級，人人可以自由來去，東西南北奔馳，也是台灣人擴大視野，迎接身體大移動的時代來臨。

　　購票時確認發車時刻，排隊買票、候車，循序上車，也是近代化社會生活必須遵守的遊戲規則，從農業時代粗略的時辰觀念，進展到以「分」為單位的精確計時時代。

　　從這個車站到另一個車站，空間擴大了，時間卻縮短了。鐵道發達帶來交通便利，多少青年因而有機會由窮鄉僻壤來到大城市，接受高等教育，躍為社會菁英，進而帶出台灣文化向上提升的力量。

　　幾凡時間觀念的革新，秩序觀念的建立，平權道理的覺醒，行旅遷徙的自由，乃至公共空間的進退，是台灣近代化累積的文明成果，也是台灣社會體質進步的基礎，這都是人與車站共生的正面意義。

　　台灣縱貫鐵路是日本人建的，鐵道驛站建築也出自日本人手筆。日本鐵道史上第一代車站建築，其實是外國人設計的，經過二十年左右的技術轉移，日本新生代建築師習得洋風建築技術，恰巧趕上台灣縱貫鐵路第二代車站改建，於是這些新生代建築師，有機會轉戰到台灣大顯身手。

　　縱貫鐵路通車以後的十年間，台灣總督府財政已能自給自足，進行大規

停靠台北停車場的第一代蒸氣機關車

模都市計畫，鐵道部開始有餘力配合台灣各大都市，將車站改造為都會指標性地景，新竹、台中兩大站係最佳典型之例。這兩座建築，都還是明治時代末期流行的，古典浪漫風格之磚石砌造的鐘塔洋樓。

　1923 年日本發生關東大地震，空前災難摧毀了明治末年流風的磚造洋樓，適時崛起的新建築觀是日本建築界的「分離派運動」。這是一種首重機能主義的建築學派，主張建築應從古典式樣分離出來，省略華麗裝飾，

左圖、右圖 | 三動輪機關車交會

趨向直線水平構成，材料為鋼筋水泥。驛舍建築在此理念下，認為車站不是要住人的，寧可視作通道的功能，所以車站建築基本要素是單純、順序、快速與合理。是以日本新一代的水泥站房，成為 1930 年代改建時的重要特徵，如上野驛、神戶驛與小樽驛概屬簡潔、水平的平頂站房。

這一波理念引進台灣之時，適逢 1935 年中部大地震的教訓，即使縱貫鐵路沿線小站重建，也採用平頂水泥長方型格局，只是規模略小，但功能十足。如 1935 年之後竣工的造橋、泰安、清水、二水、橋頭等站。

嘉義和台南，也是同時期新建的水泥建材之大站，兩站造型之特殊，足以代表城市地標景觀，屬台灣建築史引進機能主義，表現得最為出色的鐵道驛舍傑作。

至 1937 年台灣鐵道九輛貨車中才有一輛客車車廂，從這個比率可以想見一般農民百姓，絕少有搭火車長途旅行的經驗，鐵道旅客僅及少數台籍菁英、仕紳階級，以及大宗日本商人、官僚、技術人員及移防軍隊等。但是到了 1940 年代，教育已經逐漸普及，區間乘坐火車通學的學生日增，嘉南沿線簡易木造站房的改建，有可能根據 1935 年日本公布「小停車場建設改建物設置基準」，依出入旅客人次分等級，設定驛舍規模。位於台南的後壁、林鳳營兩站，是第二次世界大戰中改建的，屬「小停車場改建設置基準」下的標準版，兩棟小車站長得一模一樣，至今還雙雙屹立，在木造驛少之又少的今天，反而風采更加突顯。

1941 年移建現址的高雄車站，頂著帝國之冠，設計成日本風格融合現代建材，刻意象徵高雄為南進政策第一大站。未幾，日本戰敗，卻也是戰前台灣驛舍建築史上，以水泥建材重返古典風貌的最後一站。

CT278 蒸氣火車頭

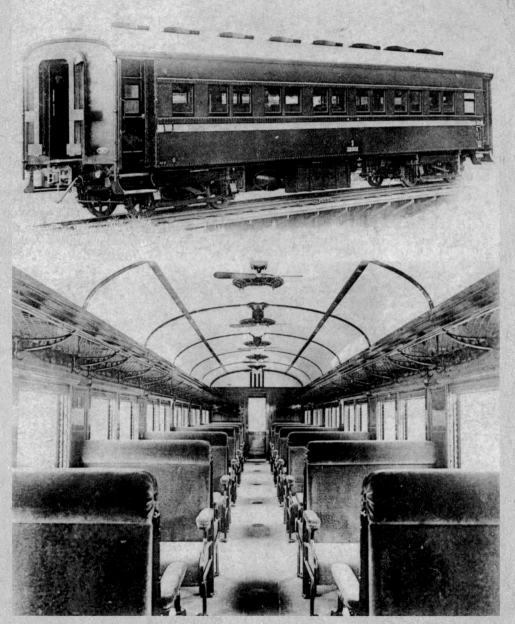

上圖 | 日治時期鋼製二等客車 | 下圖 | 二等客車車廂內部

chapter 01

縱貫鐵路

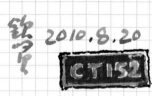

鐵 2010.8.20

點與線連結的台灣新地圖

點與線連結的
台灣
新地圖

第一代台北停車場

近代最精確的台灣地圖

　　1895 年 5 月 27 日名古屋新愛知社發行了一份「台灣全圖」，是十七世紀大航海時代，荷蘭人陸續印製福爾摩沙航路的版畫以來，算是最精確的台灣地圖。另外在左上角地理概念圖中，繪出台灣在中國沿岸的正確位置，同時已經印上「大日本」字樣，並著以同一顏色，表示台灣是日本列島的環節之一。

　　這一張日本軍正式登陸台灣前兩天出刊的「台灣全圖」，可以見之日本對台灣的地形早有掌握。其實日本政府更早於 1895 年 1 月 18 日刊印一幅委由洋人繪圖的「最新實測台灣全島地圖」，已將清末沿基隆河興建的鐵道清楚標記，不過猶未出現新竹路段。

清末劉銘傳興築的基隆至新竹鐵路路線
圖，引自《台灣鐵道史》，1910

　　1874年日本因南台灣原住民殺害遇
颱風漂來的琉球漁民，向清廷交涉未
果，因而藉機出兵占領四重溪一帶，駐
紮達半年之久，此期間日本軍方人員可
能已暗中進行測繪了。

　　「台灣全圖」標有劉銘傳鐵路，地圖
中與艋舺遙遙相對的鐵路線，直下紅毛
河上游的新竹。清末劉銘傳興築的鐵
路，是當年台灣唯一鐵道。

上圖｜跨越基隆河橋樑之鐵道
下圖｜龜崙嶺附近鐵道景觀

跨過橫向河川一直線

台灣西部河川大都源於中央山脈，概以東西走向注入台灣海峽，雨季期常遇山洪爆發，因而大大阻隔了南北交通的動線。1908 年 10 月 24 日，台灣縱貫鐵道全通式典舉行當天，總督府發行紀念繪葉書，也有一張台灣地圖，因是為祝賀全線通車而應景的台灣簡圖，所以僅標示鐵路為主。描出台灣西部大動脈的點與線之連結，其間列出主要車站有基隆、台北、新竹、苗栗、台中、彰化、嘉義、台南、打狗與九曲堂。

鐵路沿線的設站地點，通常會選擇腹地較廣的地段，方有餘裕建倉庫和預留貨車的側線。一般來說車站玄關一定位於路端，站前闢出廣場。縱貫鐵道初通時，驛舍形式大抵分為磚造洋樓與日式木造驛兩種，只要設站必有月台、信號誌、轉轍器及路牌收授器等蒸汽火車時代的安全設施。車站內附設售票窗口並備有掛鐘，畢竟，列車準時出發的概念，是台灣人「時刻」革命之始。

貨運主流背景下，點的存在

點與線連結的台灣新地圖，主要設站點大都是在台灣傳統大聚落，唯有基隆係配合築港計畫，即將打造為第

轉轍器　　　　　　　　　　　信號誌

閉塞機　　　　　　　　　　　　　　路牌收授器

一大港和台日船運聯絡的玄關都市。此外，台中為縱貫鐵道中心點的地位，是總督府有意大力開發的重點都會。

新地圖上最後一站九曲堂，是未來準備通到屏東的現階段終點站。至於彰化設站係看準彰化是當時中部最大城市，又是大米倉，產業潛力俱在。照理說，鐵路線大可以從台中直下二水；然而因為彰化外港的鹿港與泉州、廈門貿易仍往來頻繁，貨運物流之需，當初規劃縱貫鐵道線路時，就特別轉個大彎，專程抵達彰化。是以縱貫鐵道建設的預定路線，明確地採取「產業第一主義」為原則。

1908 年第二代打狗（高雄港）停車場

起造南北交通大動脈

1899 年縱貫鐵路分南北兩段正式起造，南端以打狗為起點，向北推進；北部則將劉銘傳鐵路從台北以南進行改線施工。翌年（1900）打狗至台南通車，再翌年（1901）台北、桃園改良線完成。至 1903 年北部段已築到三叉（三義），1906 年南部段已北進至葫蘆墩（豐原），最後僅餘工程最艱鉅的「山線」（今之舊山線），需等到兩年後的 1908 年始全線通車。

台北二二八公園內展示的 9 號車

車分配在南段，運來台灣重新編碼的「9 號車」，即發派在南部行駛，直到一九二五年功成引退，才安置到二二八公園靜態保存。

縱貫鐵道開通後營運的第 6 號機關車犁電號

9 號車的來歷

台北二二八公園裡有一部「9 號車」的小型蒸汽火車母，與劉銘傳引進的「騰雲號」並列。有關騰雲號（第 1 號機關車）的新聞報導不少，相對的九號車大家就很陌生了。

如果這台蒸汽火車在日本，必被指定登錄為文化財，為什麼？因為它是一八七二年日本第一條鐵路，東京、橫濱間開業時，從英國進口的十台蒸氣機關車之一。目前日本僅存留一部，是十輛中的第一號車，列為國寶級鐵道遺產，現藏大宮市鐵道博物館。九號車在日本原編在十輛車中的第七號，時值二十世紀初，台灣縱貫鐵道初建，車種性能要求不高，遂將已行駛三十年的七號車轉移陣地，運來台灣服役。

正當台灣縱貫鐵路從打狗北上的南部線，已陸續往北挺近，分段通車，北部線猶卡在苗栗，是以一九〇八年縱貫鐵路尚未全通前，南北兩線各自營業行駛，可是管理制度一致，每一部火車母均編號入籍，偶數車分配在北段；奇數

基隆

1908 年落成啟用的基隆驛

設立於清光緒十七年（一八九一）

　　基隆於 1899 年第一期築港計畫動工，1906 年已進入第二期工程，建港技術員工、船務公司人員、碼頭勞動力等絡繹不絕地湧進基隆，公部門建築及商店街亦逐年完備，人口也迅速增加，尤其是官方建築皆仿西洋風格，將基隆港町打造成歐洲情調的文明城市，就在這一波建設潮中，1908 年基隆驛落成啟用，成為大船入港的首要地標。

　　由於基隆港的玄關地位，驛站門面非常重要，建造之美為縱貫鐵路初期各站之冠。基隆火車站採紅磚壁體，加上鐘樓，上下兩層斜簷開老虎窗（軒窗）、金屬瓦，平頂屋脊裝飾鐵柵，紅磚面牆轉角及三口大窗窗緣嵌上水泥飾帶，瑰麗無比。

上圖｜基隆驛
下圖｜基隆市役所

基隆

第二次世界大戰基隆驛中彈受損，但戰後仍沿用二十二個年頭，只是拆除掉軒窗、玄關、鐵欄柵，以及外牆全敷上水泥，直到 1967 年改建為鋼筋水泥貼磁磚，造型比較單調。第二代的基隆車站於 2012 年外牆重新「拉皮」，其實基隆車站地下化已經動工了，至 2015 年落成

基隆車站最新外觀

營業。目前舊站部分仍作為新站入口的臨時通道，並轉型為藝文空間，所以至截稿前仍無法看到新建的基隆車站之整體外觀，僅北口露出地面。

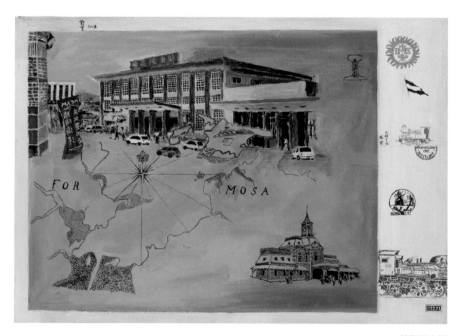

基隆驛史記

三坑

僅停靠區間車的
簡易站

八堵

目前為二等站

典藏七堵車站

西部幹線對號快車（自強號，莒光號）主要起訖點

台灣縱貫鐵道初建，歷經百年風霜的「七堵驛」，目前還在，只是被當作鐵道紀念建築永久保存。這幢原座落於基隆市七堵區光明路底的木造小站，直到二○○一年一月二十一日停用。廢站前，七堵車站不斷擴建中，南下北上車道分軌，古老的木造驛僅有前往基隆或東部的列車通過，所以仍保持營業狀態，稱之為「七堵前站」。

始料未及的，從小小木造站房起家的「七堵驛」，如今搖身一變，成為巍峨堂皇的七堵車站。因為七堵的廣大站場，現在是列車調度場兼保養廠，所有南下高級列車皆從這裡始發。

幸好七堵木造驛移交基隆市文化局之後，經評估可以忠實重組，遂將拆下的材料，仔細編號，少部分是新建材，再北移數公尺依原樣重建，車站原址則開闢為汽車道涵洞出入口。

[1] 七堵前站 [2] 新穎的七堵車站現代建築 [3] 原七堵前站木造站房

七堵

百福
僅停靠區間車的
簡易站

五堵
僅停靠區間車的
簡易站

汐止
為二等站，二樓
有商場

第一代台北驛

第二代台北驛

　　縱貫鐵道起建後的初代台北驛，於 1901 年與台北、桃園改良線竣工同時落成，當初叫「台北停車場」，後來改稱「台北驛」。它是一座古典紅磚樓房，建築年代早基隆驛七年，造形迴異於基隆驛鐘塔帶有歌德式的輕快感；台北驛則顯出東西方折衷建築的穩重。

　　台北、桃園改良線最大異動是鐵路改走艋舺，為了讓鐵道通過台北西門城牆，而率先拆除了西門城。兒玉總督知悉後，認為城是「武人美學」的象徵，除了依都市計畫不得不拆城牆之外，下令保留其餘城門。

　　台北驛啟用十年後（1911），站前樹立鐵道部長長谷川謹介銅鑄坐像，然而到了 1944 年太平洋戰爭末期，日本物資嚴重不足，遂在全國各地，

台北

車站主體為地上六層、地下四層之官帽式建築

汐科

南港

松山

台北

為簡易站，規劃
連結捷運民生汐
止線

台鐵及高鐵共構
車站，與捷運南
港站互通

舊稱錫口，與捷
運松山新店線共
構

包括台灣在內之大部分銅像，紛紛被移走，拿去當作軍事用途，戰時稱之為「銅像徵召」，或「銅像出征」，長谷川謹介銅像也因而消失。

鐵路地下化後的台北車站

銅像還在原地的時候，1940 年縱貫線新建第二代台北驛已經竣工營運。它是一幢長方形平頂，鋼筋水泥建材的簡素造形建築，有全台第一大站的規模，站內建天橋通到後站。「台北後驛」倒是蓋成日式木造驛舍，構成極為單純，瓦頂開軒窗，出入口有階梯，可是 1989 年 9 月 23 日被一場莫名大火燒了。

1945 年終戰，水泥站房的台北車站，仍屹立原地達四十年之久。正值台灣經濟起飛，台鐵進入黃金時代，大台北地區人口驟增數倍，這一波接一波城鄉大移民，台北車站居功厥偉，所以對許多人來說，都有舊台北車站的共同記憶。

1980 年代縱貫鐵路全面電氣化，台北車站旅客吞吐量大增，1986 年拆除舊台北車站，應運鐵路地下化，在原址東側重建新站，1989 年當年台鐵最大建體的台北車站落成。

宛如一座巨大碉堡的新台北車站，軌道移入地下，台鐵、捷運、高鐵三鐵共構，一樓售票大廳挑高，設有商店街，二樓為美食街，凡地下、地面出口四通八達。近年來引進專業經營者的規劃，整個台北車站已經成為一個結合交通、購物、美食的時尚場所。

N
NORTH

萬華
曾是廢止的台鐵
新店線端點站

板橋
與高鐵、捷運共
構的車站

浮洲
僅停靠區間車的
簡易站

台鐵捷運化的新車站—南樹林

僅停靠區間車

南樹林站比鄰停靠的各式列車

近年來，各大都市衛星城鎮興起，站與站之間住宅區成帶狀發展，是以站距必須縮短，兩站之間加設一站，是台鐵捷運化的考量。

樹林、山佳間，二〇一五年十二月二十三日，新設簡易站體的「南樹林站」開始營運。

本站最大的特色就是緊鄰火車維修、保養作業的大站場，凡北上基隆、宜蘭、花蓮、台東之列車，概從這裡編組、出發與回送。當火車停靠南樹林站，最有看頭的，莫過於隨時都可以看到一排排列車出現在眼前，畫面十分壯觀。

山佳——木造舊站房為新北市市定古蹟

1901 年台北、桃園改良線通車二年後，新設「山仔腳驛」，再更名為「山子腳」，山佳就是取山子腳的諧音改過來的站名。山佳緊依在山腳下，所以舊名才取為山仔腳。1931 年從北側五十公尺處移到現址再建的現在驛舍，由於建材的進步，採砌磚牆磨石子和新穎的水泥圓柱，屋頂有一端是日本社殿造的迷你版。

二十二年前筆者來到現場素描的時候，玄關口仍有階梯，一排臨時商店堵在車站前面，僅剩一條小巷為通道，車子是開不進來的。2002 年拆除違建，打掉玄關石階，才與地面銜接，並闢出站前廣場，從大馬路才得以看到這座古老而精巧的小站全貌。

2011 年高架化的山佳新站房正式啟用，舊站原地保存，列為新北市市定古蹟，正在復原修建中，未來將規劃為鐵道廣場。

樹林 — 東部幹線（宜花東方向路線）對號列車起訖站

南樹林

山佳 — 跨站式車站，新北市最南端火車站

鶯歌

桃園

木造桃園驛結合寺院造形

　　1908 年台灣縱貫鐵路通車，鐵路線的點──車站，還不到七十座，而且大部分是日式木造驛舍，最普遍的形式就像七堵驛。可是也有融合日本傳統寺院與神社殿堂之局部造形，蓋成車站的木造建築，1900 年代初建造的「桃園驛」，即代表作之一。

　　早年的桃園是農產品集散地，當地名勝景福宮，奉祀天上聖母與開漳聖王，於是初建桃園驛的造形，有著與著名廟宇相呼應的意味。

　　桃園驛的圓弧屋頂屬仿唐風格，兩邊為日式瓦頂，唯迴廊的拱形列柱採自洋風，因為工法複雜，建造過程精密，桃園驛本是台灣鐵道史上難得一見的經典作品，卻在 1962 年拆除，重建的桃園車站反而變成一棟平板無趣的長方形低層水泥樓房。

　　桃園車站上下車旅客流量僅次於台北，因此站體非擴大不可，2015 年夏天水泥站房停用，軌道左移數公尺，緊鄰舊站旁建跨站式臨時車站。未來，正式車站將設在舊站原址，新建規模大於現在三倍的桃園車站。

桃園	內壢	中壢	埔心	楊梅	富岡
	三等站。舊稱崁仔腳驛	一等站。與機場線、桃園捷運藍線共構	三等站。備有小站巡禮紀念章	三等站	三等站。備有小站巡禮紀念章

N

NORTH

新竹驛

新竹站增築後左右格局不對稱

新竹

新竹是劉銘傳鐵路的終點，但縱貫鐵道正計畫再向南興築，同時從台北到新竹之間已進行部分改線，起先新竹驛只是簡易站房，直到 1908 年才起建鐘塔型的新竹驛，至 1913 年竣工。

新竹驛的建築師是松崎萬長，1907 年渡台任職總督府土木局，後來被聘為鐵道部技師，曾參與基隆驛與鐵道飯店設計案。

新竹驛之與基隆驛或鐵道飯店最大的不同處，是新竹驛係採仿石壁建築，而非紅磚壁體。此外，玄關石柱因加高台座後，柱子不長，柱頭為希臘列柱中較樸素的多立克式樣之變體，正值台灣興起紅磚建築潮流的1910 年代，新竹驛是個異例。

中央屋頂突起，造型雄偉，鐘塔取自羅馬式穹頂，上覆銅瓦，並以細短石柱收邊，也是以多立克式柱頭收尾。

應是左右對稱的格局，戰後1968 年增築左翼時，卻未能與原來右翼取得相同工法來協調，誠屬美中不足。

國定古蹟，日本建築師松崎萬長作品

北湖	湖口	新豐	竹北	北新竹	新竹
甲種簡易站	三等站。備有小站巡禮紀念章	三等站。舊稱鳳山崎	三等站。舊稱紅毛驛	簡易站	

SOUTH

竹南站變裝

改裝後的竹南站

竹南車站更新，售票大廳高架，以便利前後站相通。後站新建，前站就原建築前後站相通。後站新建，前站就原建築外表「拉皮」，再經整頓站前廣場之後，儼然像一座嶄新的大車站。這裡所謂「拉皮」的意思，是沒有敲掉原建築物外牆，唯繃上時尚的新材質，把原本老式又不美的建物包裹在新衣服裡面，營造出摩登的、兼具當代風貌的車站。

香山

木造車站，甲種簡易站

新竹以南是縱貫線鐵道計畫案新闢的線路，日本領台初期香山港是兩岸貿易口岸，因物流商機必帶來貨運利潤，鐵路遂向海岸延伸，1902 年在香山設站。今天的香山車站是 1927 年建竣的木造站房，至 2017 年即將屆滿九十歲。

香山是新竹南下第一站，僅一站之隔卻大相逕庭的是，新竹是大都會，熱鬧滾滾；香山近海，人煙稀落，一度被降為三等站。許是陸運交通取代海岸航運而迅速沒落下來，是所以香山木造驛使用率低，未遭嚴重破壞，方得以倖存，卻也日復一日傾圮。

2001 年香山車站被列為新竹市定古蹟，2015 年全面整修香山車站，拆掉大燈箱，重現玄關門上方，三角屋簷下的鏤空窗櫺，忠實呈現一幢木造小站的原味。

上圖｜現存的香山站木造車站
下圖｜重修後的香山站

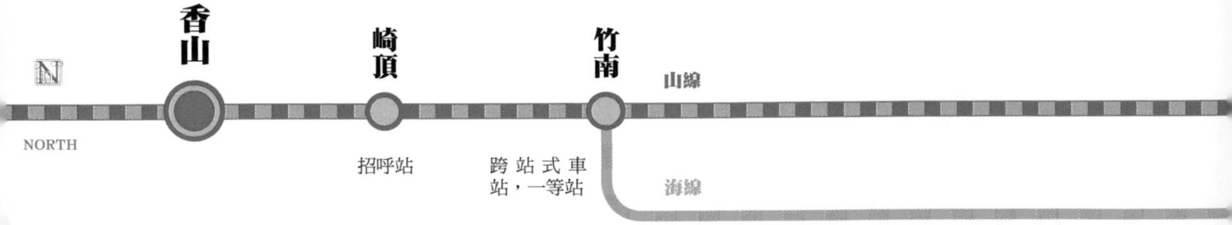

香山　崎頂　竹南　山線

招呼站　跨站式車站，一等站　海線

NORTH

造橋車站及梯形山牆倉庫

造橋車站建築外觀

一九三〇年代車站建築。現為招呼站，僅停靠區間車

　　造橋古昔即稱造橋庄，源於附近有一條溪（今名南港溪），清代拓荒者必須架橋來此開墾，所以才叫做「造橋」。台灣縱貫鐵道節節南下闢建中，1903 年造橋驛開業，主要是辦理貨運，因為木炭是當年造橋的主要物產。

　　本來沒沒無名的造橋，竟然是因為鐵道悲劇而聲名大噪。照理說，鐵道是大家所公認的最安全之運輸手段，然而很不幸的，近三十年來台灣三大鐵道事故，偏偏都發生在造橋車站兩端的軌道上。1990 年 4 月，造橋站南端豪雨崩塌，司機來不及煞車而出軌；1991 年 11 月，造橋號誌站兩車對撞，三十人罹難；2001 年 7 月，一輛高級列車行至南港溪鐵道橋翻覆。

　　筆者初訪造橋車站是 1994 年，發現它是一座單純小巧且幽靜的水泥造小站，全面敷上白漆佇立於道端，站前廣場旁有一幢階梯形山牆的倉庫，兩棟建築並置，頗富現代感。所謂「現代感」就是線條平直，都沒有附加過多贅飾的簡潔風格。

　　近年來數度重訪造橋車站，喜見燈箱縮小，玄關上新懸掛書寫站名的原木匾額，看起來略嫌過大，如果換一塊較小的原木標識，一定更古雅。

　　今天的造橋車站是 1930 年代後期的建築物，此時期歐美建築正流行符合機能主義的造形平整、規格統一與工期快速的鋼筋水泥平頂公寓樓房，造橋車站即取其平整與統一的原理，及時趕上了時代風潮，所以也是平頂加迴廊列柱的全台第一座車站，於 1935 年落成。

造橋

談文

大山

招呼站，僅停靠區間車，為木造車站

甲種簡易站，為木造車站，備有紀念章

　　1935 年引進新建材，刻意打造防火與耐震性能的造橋站，即因錦水油田開採的瓦斯是極重要貨運業主，瓦斯是易燃物，故造橋驛以防火為優先考量。同一年，台灣中部發生大地震，凡災後重建的車站，概以造橋驛的建築樣式為範本。

　　站前的階梯狀山牆倉庫，目前已轉型為便利商店。站房周邊也利用原先幾幢日式宿舍打造成火車站休閒園區。

木造宿舍

驛務棟

距造橋車站東方八公里的錦水庄，發現有開採瓦斯的潛力，遂追加站務人員處理貨運。一九一六年新建「驛務棟」三幢，進駐三戶高階驛員，由於鐵道部是官營事業，對於人口稀少的造橋來說，在地人習稱它為「官舍」，地點即在出火車站的左側位置。曾經做為驛長宿舍的頭一棟和第二棟宿舍已修復完成，並已開放民眾參觀。

木造驛長宿舍

苗栗車站

苗栗

1903 年與造橋同時設站的苗栗驛,是台灣縱貫鐵道規劃中,開始進入山區最大聚落的車站,其後陸續開採出礦坑油井,以及 1922 年縱貫海線通車之後,苗栗一躍而成為山海線列車分歧的調度中心,因此擁有甚為廣大的站場。

苗栗初設站之同時,山線已能直達三叉(三義),但是繼續南下的山線鐵道,盡是開山闢洞或架橋過河,工程相當艱鉅,是以進度緩慢,那也就是縱貫鐵道最後才完工的一段。

現在的苗栗車站是 1970 年代改建的鋼筋水泥主體,並於 1990 年代整修為鋁合金白烤漆立面,像大片磁磚般地呈現縱橫切割線,整體造形簡潔、對稱、穩重並且地標性極為顯著,是戰後台鐵新建車站中罕見的佳作,為什麼?也許是它跳脫出只顧功能,不問美醜的制式框架,令人耳目一新。

可是苗栗的熱鬧市區並不在車站附近,站前周邊大都是公營事業機構,特別是和石油業相關的公部門,占去大半空間,所以苗栗車站一直以來,就是貨物轉運、機關車調度與加掛補機上坡等功能性的產業車站。

2012 年新建跨站式苗栗車站竣工,緊鄰舊站旁,舊站已不再使用,但仍與新站並列連成一氣。新站建築特色係仿客家土樓造形,二樓售票大廳頂棚以客家花布結合當地的木雕,顯現在地文化的特色。站體高架化之後可直通後站,如此一來距「鐵道文物苗栗展示館」就更近了。

跨站式站房之第四代車站

龍港

招呼站,僅停靠區間車

白沙屯

三等站,備有紀念章

「功維敘」隧道

台灣鐵道的老山洞門額，不乏當時總督或民政長官的題字，苗栗站南的苗栗隧道北口，即有兒玉源太郎總督字跡鑴刻的「功維敘」三字，至今仍清晰可辨。新山線雙軌化後，新隧道改鑿另一側山洞，苗栗舊隧道廢棄，經修葺後已為苗栗再添一處清幽古意的鐵道觀光景點。

火車出苗栗站南下必須穿鑿的山，叫貓狸山，所以要去功維敘隧道就得上貓狸山。

苗栗舊隧道與苗栗車站同時於一九○三年完工，經一九三五年大地震後重新整修，留住「功維敘」題字，並以紅磚新砌城堡型門牆，目前左端城垛已崩塌，照理應該可以修補，或至少定期清除雜草，否則不知哪一天，「功維敘」將沒入蔓草之中。

苗栗鐵道文物陳列館車輛展示

苗栗鐵道文物陳列館指示牌

左圖 | CT152 火車頭 | 右圖 | DT561 火車頭

隧道口「功維敘」題字

「功維敘」隧道

南勢　招呼站

新埔　甲種簡易站，為木造車站，備有紀念章

銅鑼　三等站。備有小站巡禮紀念章

通霄　三等站，成追線區間車往山線折返站，備有紀念章

三義　2010 年舊山線復駛，為起點站

苑裡　三等站，備有紀念章

NORTH

鐵道文物苗栗展示館

終戰前蒸汽火車仍是鐵道主力車種的年代，為了攀越山線陡坡及諸多隧道，準備引進電車與蒸汽火車交替接駁，特別在苗栗驛南端新建鋼筋水泥車庫，並留置廣大站場提供調車進出。直至台鐵全面電氣化之後，留置線變成閒置空地，一九九九年成立「苗栗鐵道文物陳列館」（當初命名），本來是露天展示，後來搭蓋通風鐵棚，保護所有陳列在此的各型火車，免得經年累月日曬雨淋。

從苗栗後站出站，跨過地下道，左轉的小巷口即有「鐵道文物苗栗展示館」指標看板，走進去約百步ㄟ遙就可到達。

大型蒸汽火車、阿里山登山蒸機、糖鐵小火車乃至柴油車等，宛如台灣鐵道進化史的縮影，其中蒸汽火車是許多年長者久違了的共同記憶，也是年青鐵道迷眼中的文化資產。在這裡介紹一輛足以列入世界鐵道遺產，抑或許也是全球唯一僅存的蒸汽火車頭「DT561」。

台灣的蒸汽火車百分之九十皆是日本製造，一九一四年至一九一八年的第一次世界大戰，戰場遠在歐洲，所有貨輪都派上軍需用途，本來依賴歐洲進口的民生物資，概由日本製造所取代，日本發了戰爭財，台灣也蒙漁翁之利，以致牽引貨物的蒸汽機關車嚴重不足，日本車亦供不應求，才轉向美國採購貨運機關車，這就是「DT561」美國火車頭現身台灣的由來。

一九一九年出廠的四動輪美國製火車，至一九一二年共有十四輛抵台，目前僅存這一輛。美國車煙室胴身兩側腳踏板，架得很高，從側面看去有空隙，宛如一匹駿馬，日本製的同型車，白色踏板下塞滿機械，找不到透光的空間。

「CT152」是同展示館裡的日本蒸汽機關車，與之「DT561」對照下，就看得出透光部位的明暗之別。

MERICAN LOCOMOTIV COMPANY N.Y.

泰安
新山線簡易站

日南
甲種簡易站，為木造車站。台中市定古蹟

大甲
二等站

后里
三等站。備有小站巡禮紀念章

SOUTH

豐原

1905 年，建設中的台灣縱貫鐵道中部工程隊，完成大肚溪架橋，連結出彰化、台中至豐原的線路與設站點，豐原以北是今天我們所稱的「舊山線」。因為山線仍在施工，另有獨立的章節介紹舊山線，所以暫時跳過，直接來到豐原。

豐原舊名葫蘆墩。說起蓬萊米，它是後來改良的新品種，古昔「在來米」（台灣原產米）中，品質最優、最富黏性的就是葫蘆墩米，縱貫鐵道初建係以產業運輸為取向，基於優質米的產業潛力，遂設立葫蘆墩驛。

1904 年爆發的日俄戰爭，戰場在中國東北，日本陸軍大捷之後，1905 年俄國派出波羅地海艦隊東來迎戰。傳聞中會經過台灣海峽，台灣也實施非常戒備，可是縱貫鐵路尚卡在山線未通，為求運兵效率，臨時從葫蘆墩驛北端架設輕便鐵道，經后里到大安溪北岸。由於地形落差大，不得不採螺旋狀爬

豐原車站

豐原車站月台及建築中的新車站

坡，呈現一渦接一渦爬行的軌道，直到 1908 年山線完工後拆除。

第一代葫蘆墩驛是木造驛舍，1920 年隨地方行政區重劃，改名為豐原驛。

戰後為運輸大雪山林場的伐木，鋪設東勢線鐵路，以豐原為起點至終點東勢，1959 年通車，卻於 1991 年停止採伐而廢線。當初應運客貨運輸量激增，東勢線開通翌年（1960），新建的豐原車站落成，圓弧形屋頂至為別緻，後來加設鋼架圓孔斗拱遮雨棚亦很特別。這幢台鐵早年用心打造的車站，將來命運未卜。

大台中區域鐵路高架化，從豐原到大慶已經快完工了，豐原車站高架線也看出雛型，但這一座豐原舊地標的存廢問題，似乎還在討論中。

豐原舊稱葫蘆墩，現為一等站，往南山線終點

NORTH

豐原

台中港
二等站，主要為貨運業務

清水
三等站，台灣歷史建築百景之一，備有紀念章

沙鹿
古名「沙轆」，二等站，備有紀念章

豐原車站的「時代遠近法」

古今圖像拼成一幅作品，叫「時代遠近法」。圖中間是營運中的豐原火車站，上中是距豐原最近的大甲溪鐵橋，右上是大甲溪橋；左上是跨樑更多的大安溪鐵橋，它們的遠方橋端都緊鄰隧道口。圖左側為連續隧道群，隔著一道金色雲層的最下方，畫上海線大甲溪橋。本圖採「異時同圖法」，納入不同時期的山海線鐵道風景，重組構成，有此安排是為見證豐原車站是山線終點的歷史意義。

豐原車站，油畫，2008

台中

清代台灣的首府在台南，日本領台後將總督府置于台北，那麼台中盆地正是總督府急欲開發的新城市。因此縱貫線鐵道取中心點台中設站的 1905 年，當時人口不到一萬，所以採簡易型木造驛舍。

1910 年台中實施都市計畫，開始在車站周邊建設棋盤式道路及洋樓街坊，1917 年新建紅磚造台中驛竣工，也就是現在的台中車站。

台中市街

建築設計單位是總督府營繕課，顯然受到三年前（1914）落成之東京驛紅磚大拱窗之影響，而蓋出台灣鐵道最經典的極品，今已列為國家二級古蹟。

2012 年起工的大台中區域鐵路高架化，新台中車站位於目前進站方向的左後方，屆時舊站仍會留在原地，將變身為鐵道文化遺產及歷史建築，永久保存。

舊站列為國家二級古蹟

台中車站第一代簡易木造站房

N

NORTH

台中

追分

海岸線、成追線交會站。為木造車站，備有紀念章

台中驛的木製廊柱

1923 年 4 月 19 日，裕仁皇太子抵達台中走出車站準備坐上禮車

一九二三年四月十九日裕仁皇太子（現任明仁天皇之父）訪台，當天下午二點四十四分，御用列車從新竹開抵台中，皇太子走出台中驛玄關，正要搭上前來接駕的禮車。

照片右下角落拍到台中驛廊柱底座的格子狀欄杆，以及成排木柱，至今仍保存完好。它們是撐住雨庇的一排列柱，但只有玄關門出口的間距，才有雙柱收尾的格子欄杆底座。

戰後是因為雨庇再往外延伸，以致於所有木柱都藏到新建遮雨棚的鋼柱後面，所以很容易被忽略。

若台中驛還原為歷史建築之後，建議應把後來搭建的鋼架遮雨爪拆掉，還原木製列柱原貌。

紅磚構造之台中車站

大慶
簡易站，與台中捷運共站

烏日
新烏日站啟用後改為簡易站

SOUTH

彰化

　　規劃縱貫鐵道之產業優先考量,線路通過台中後,本可直下經南投至二水,卻反而從台中迂迴繞去彰化。因為彰化平原是全島首屈一指的稻米之鄉,以及鹿港曾是兩岸貿易的經濟績效,自清朝中葉以後,彰化已躍為台灣中部最大城鎮,是以縱貫鐵路刻意取道彰化為設站落點。

　　鐵道初通之際,彰化比台中繁榮,驛舍建築也比台中考究。第一代彰化驛造型,是綜合日本神社與寺院的折衷體,雙層急斜式屋簷則引自歐風,

第一代彰化驛

今日之彰化車站

新烏日	成功	彰化	花壇	大村
二等站,與高鐵台中站共站	台中線、成追線交會站。備有小站巡禮紀念章		甲種簡易站	簡易站

NORTH

從八卦山上鳥瞰彰化市區

加上十根木造列柱頂起的雨庇，成為三簷、對稱與莊重的精緻建築。玄關門楣係拿破崙半圓形軍帽狀，日本建築術語稱作「唐破風」，正足以柔化處處是直線與直角的尖銳感。

今天的彰化車站是 1958 年改建的，因都是平直線的現代建築，遮雨棚設計亦以連續圓弧，打破可能過度呆板的感覺。

台灣鐵道唯一保存的調車轉盤為車站附近有彰化扇形車庫，

八堡圳之碑

二水

二水位於濁水溪北岸，1905 年車站開業時稱「二八水驛」，二八水庄地名之由來是二分水圳與八堡圳，各取頭一字定名。一提到圳，即可證明古來已開鑿渠圳灌溉的事實，引進濁水溪水源進行大規模開墾。這片富庶的農業地帶，鐵道開通後更是附近山區木材、樟腦等物產的集散地，當初二八水驛設站的主要任務，依然是產業運輸掛帥，而非載客。

1920 年，二八水驛改名二水驛，翌年（1921）集集線通車，起站為二水，從此二水的鐵道樞紐地位，益增二水的繁榮。彼時前往日月潭的旅客，必須在此轉車，所以客運需求量激增，老舊的二水驛不敷使用，遂於 1936 年

員林	永靖	社頭	田中	二水
一等站	招呼站。僅停靠區間車	三等站。備有小站巡禮紀念章	二等站。備有小站巡禮紀念章	

SOUTH

重建，就是至今仍在服役中的二水車站。

　　二水站座落於幽靜小鎮的路端，平頂鋼筋水泥建材貼磁磚，玄關迴廊有列柱，在橫直線條間設計出一口圓形採光窗，頗有畫龍點睛之效。在所有台灣同型式的古老水泥站房中，二水車站是規模最大的一座，而且必須拾級而上，宛如朝聖的殿堂。

　　上了石階仍有空地植樹，四株洋溢熱帶風情的椰子樹迎風招展，映入旅客眼簾，彷如鄉愁的召喚。

二水車站

林內	石榴	斗六
三等站	招呼站。木造車站歷史建築	一等站

蒸汽火車守望鐵道

沿二水站外的清幽小徑前行，可以看到兩部古老的蒸汽火車，一部是 CT278 大型機關車，和一台嬌小的糖鐵小火車 345 號。

CT278 是戰後台鐵重編的「CT27 ○」型，戰前稱「57」型。C57 型係日本鐵道史上的名車，現在仍是日本鐵道迷追逐的對象，因為車身機械、管線等配置的比例極美，而且專事載客牽引，素有「貴夫人」之稱。

饒有興味的是日本蒸汽火車於一九七五年十二月十四日落幕當天，正是同型車的 C57 135 在北海道風雪中，開出最後一班客運列車，現在這部車已成為 JR 東日本鐵道博物館的鎮館之寶。

C57 135 譜下日本蒸汽火車的休止符，卻引起重估鐵道為文化的新觀點，喚出越來越多的鐵道迷，懷念蒸汽火車重出江湖的聲音不斷，結果於四年後的一九七九年，C571 重修復活，以觀光列車「SL 山口號」為愛稱，每年春夏秋三季定期行駛在山口線上的區間。

二水站的 CT278 有如此高貴的血統，但只作靜態保存。順便一提的是，平日守候在彰化扇形車庫的 CT273，亦屬同型車，已能動態復駛，不上路時以扇形車庫為家，是為動態保存。

上圖 | CT278 蒸汽火車 　下圖 | CT273 蒸氣火車

斗南

斗南車站

1945 年終戰之前重建的斗南驛，是日本人手中所完成的最後一座火車站。由於戰爭中的關係，形式趨於簡化，但已引進水泥建材，纖細成排的列柱也是水泥圓柱。外牆磚造敷水泥，不貼磁磚，大概也是大戰期間的簡約政策吧！因是狹長型建築，除雙簷瓦頂之外，窗戶特別多，卻也能成為平板無華壁體的裝飾效果。

斗南車站至今仍留有寬闊的站前廣場，是因為面對斗南車站右前方，本來有一座倉庫型的糖鐵斗南站，兩站僅有幾步之遙，1995 年拆除糖鐵車站以及月台和軌道，騰出來的空間即現在的站前廣場。

斗南是 1950 到 70 年代初許多雲林子弟通學的轉乘站，特別是虎尾的學生到嘉義讀書，大都乘坐虎尾糖廠的小火車到斗南，再轉乘台鐵縱貫線，嘉義下車後前往學校。

斗南車站樸素風格歷數十年依舊，後來離鄉的學子，若有機會重返斗南車站，一定很容易勾起他們的青春記憶。

舊稱他里霧。二等站

候車室大長椅

狹長型斗南車站候車大廳，仍擺著多張木製長椅，這種古樸的超大長椅如今可能是碩果僅存了。

今天台灣各大型火車站，候車椅紛紛拔除，為的是避免遊民長期霸占，最明顯的是基隆車站和台北車站，幾乎都快淨空了。

想像當年搭乘糖鐵轉縱貫線的民眾和莘莘學子，曾經坐在這裡等車，或聊天或看書，同時也留下體溫。這幾排隨著歲月斑駁的長條木椅，似乎還蘊藏著四、五十年前的溫度，說起來還真有資格被列為鐵道資產。

斗南車站候車室木板長椅

　　大莆林驛設站，有鐵路連結大林製糖所，當初縱貫鐵路以貨運為宗旨的理由十分明確。大莆林經改名大林，直至 196、70 年代，台糖業物如日中天，大林火車站改建為袖珍型水泥平房，待糖廠轉型之後，大林獨自發展出悠閒小鎮的特質，並逐漸有成為嘉義市衛星城鎮的趨勢。加之近年慈濟醫院進駐大林，為了打通鐵路兩側旅客出入的方便，只有將車站高架化，才能設計出前後站相通的功能。2008 年底竣工的大林新車站，即是根據這樣的原理建造的。

　　啟用八年的大林火車站，有二個特點值得大書特書，第一、造型時尚富現代感，以及部分採用原木材的「綠建築」概念，所以沒有冷氣，也能維持自然通風和採光。並設有太陽能及省電照明等，是座十足環保的建築物。第二、原來的舊車站與新車站融合為一體，舊站仍是新建車站的玄關，延續其本來的功能，同時也保留了大林居民們的成長記憶。

　　2007 年至 2008 年施工期間，線路不動，旅客和火車照常運作，但工程仍進行不輟，有人妙喻，這叫做「穿著衣服改衣服」。

大林車站

三等站。備有小站巡禮紀念章

大林　民雄　嘉北

三等站。備有小
站巡禮紀念章

簡易站，僅區間
車停靠

嘉義

縱貫鐵道全線通車時，嘉義驛仍只是簡易型木造站房。1914 年阿里山林鐵開放客運之後，為嘉義市帶來無限商機，一躍而為嘉南平原上的大城市。於是 1933 年重建嘉義驛竣工，引進 1930 年代全球時興的鋼筋水泥建材，就水泥造崇尚簡潔的風格中，嘉義驛依然顧及機能美。車站中堂挑高，屋脊突出，平頂部分左右對稱，

嘉義車站

上層開拱窗，下層長形窗，有採光作用兼設計感。遺憾的是後來被一座突兀的、巨無霸的水泥遮棚，遮去嘉義車站原先合理的造形，如今不管從任何角度，都無法窺見嘉義車站完美的風采了。

嘉義站場天橋即景

嘉義站場天橋。油畫 30F，2007

嘉義火車站在站外以人行路橋跨越站場，連結前後站動線。這一幅二○○七年的油畫，畫的是舊陸橋鋼樑結構，以「工業美學」為切入點營造本圖布局。因為嘉義車站之美已被遮蔽大半，不如登上陸橋欣賞車站背影與來來往往的列車，圖中一部橘色電氣機關車牽引復興號列車，正緩緩駛進月台。

畫面左下角穿插兩張繪葉書（風景明信片），一張是現在嘉義車站原風景，另一張是木造時期的嘉義驛。右端鋼樑邊緣畫有三枚日本時代的嘉義驛風景戳，其中非圓形的戳章，是嘉義北回歸線碑。

縱貫線、阿里山森鐵交會站

嘉義	水上	南靖	後壁	新營
	簡易站。備有小站巡禮紀念章		甲種簡易站，為木造車站。備有小站巡禮紀念章	一等站

南靖車站

南靖

甲種簡易站。備有小站巡禮紀念章

南靖車站正對面即南靖糖廠，1943 年二次大戰方酣中才起建的南靖驛，就是專為製糖生產才設站的。雖然處在戰爭中物質匱乏的年代，磚造水泥壁體，不對稱的瓦頂屋脊，無論設計或造工，都沒有敷衍了事。連廁所也是配合主建體材質和造形建蓋的，可惜近年已被拆除。

今天南靖車站與先前最大的不同，是本來玄關口與大馬路之間是一段坡道，現在已經剷平，但對比出來的段差，變成七級石階，卻也沒有破壞南靖車站的整體美感。

1943 年大戰中才改建的林鳳營驛，自從有了同名的乳品之後，跟著聲名遠播。縱貫鐵路從新營、柳營到下一站就是林鳳營，三「營」連成一氣，想必與鄭成功時代的屯兵紮營有關。

木造驛林鳳營車站

林鳳營

甲種簡易站，為木造車站。備有小站巡禮紀念章

瓦頂、木窗、橫板釘牆面的小型木造站房，戰後經過了數十年，託票房蕭條之賜，至今猶好端端的鎮守在林鳳營這個小村落。雅致、素樸的鄉間小站，仍保持著當年樣貌，可說是彌足珍貴的鐵道建築。

柳營　　林鳳營　　隆田　　拔林　　善化

簡易站。備有小站巡禮紀念章　　二等站　　招呼站　　二等站

木造驛雙璧

上圖 | 後壁車站 | 下圖 | 林鳳營車站

普通車南下駛離南靖之後，跨過八掌溪的下一站是後壁，後壁與林鳳營正居於新營的上下兩端，兩站遙遙相對，饒富趣味的是兩站長得一模一樣，宛若孿生手足，都是一九四三年改建的同一設計藍圖，樹立了台南木造驛雙璧之歷史建築的意義。

NORTH

南科	新市	永康	大橋	台南
簡易站，副站名為台南科學園區	三等站。備有小站巡禮紀念章	二等站。因「永保安康」車票而熱門	簡易站	

現在的台南車站，是 1936 年從木造驛前身，改建的鋼筋水泥白磁磚兩層樓房，極符合水泥建築精簡造形之特徵，僅有周邊與窗緣的裝飾雕花，為平板制式的牆面注入了藝術語彙。這棟建築物最大的特色，就是裡裡外外的拱門與拱窗之設計。入口突出來的廊道，當初用意是讓座車可以開到車站正門，日本語稱之為「車寄」。還有一個全台獨一無二的特色，台南驛二樓為鐵道旅館，同樓層附設餐廳，係早年台南最頂尖的觀光飯店。戰前前輩畫家顏水龍的結婚宴，就是在車站二樓的大食堂舉行。

旅館經營到 1965 年宣告歇業，鐵路餐廳則是延到 1986 年才全面結束，目前二樓閒置，將來很可能朝向古蹟活化的方向規劃。

台南車站建築的地標性相當鮮明，寬闊的站前廣場和諾大的鐵軌站場，並沒有因為四周高樓林立而矮化了它。

台南 —— 一九三六年落成使用，為國定古蹟

台南車站全景　　　　　　　　　　　　　　　　台南車站全景

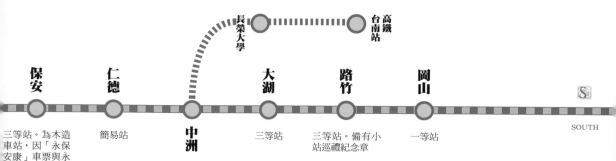

長榮大學

高鐵台南站

保安　　仁德　　　　大湖　　　路竹　　　岡山

中洲

SOUTH

三等站。為木造車站，因「永保安康」車票與永康站齊名

簡易站

三等站

三等站。備有小站巡禮紀念章

一等站

台南大事記

本圖主體是台南火車站，橫躺的台灣地圖置於上方，這是荷蘭人在十七世紀出版的海圖，筆者另外填進荷蘭人筆下的「熱蘭遮城與台江內海圖」，城堡上插著荷蘭國旗。

畫中台南車站兩旁有兩張繪葉書，右端為第一代台南木造驛；左邊是台南末廣町的林百貨店。圖畫最底下鑽出的天空線，是台南代表性建築群，由左至右分別是氣象台、地方法院、台南州廳、台南郵局及消防隊。全畫以圖像回溯台南歷史的演進。

台南車站與台南歷史。油畫 30F，2006

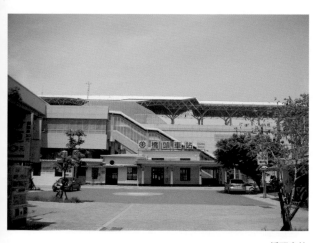

橋頭

舊稱橋仔頭，三等站，新站與高雄捷運紅線車站共構

橋頭車站

橋頭車站原本不是大站，但卻是台灣第一家近代化糖廠開工生產之後，最早充滿糖香的一座南台灣小站。1935 年重建的水泥站房橋頭車站，至今座落原地已半世紀以上，隨著製糖業的沒落、轉型，以及配合高雄捷運建設，新建的橋頭火車站高架化，並與捷運共構，鐵路從地面撤走之後，舊橋頭車站失去功能，獨留鐵道史蹟價值佇立於路端。

三塊厝

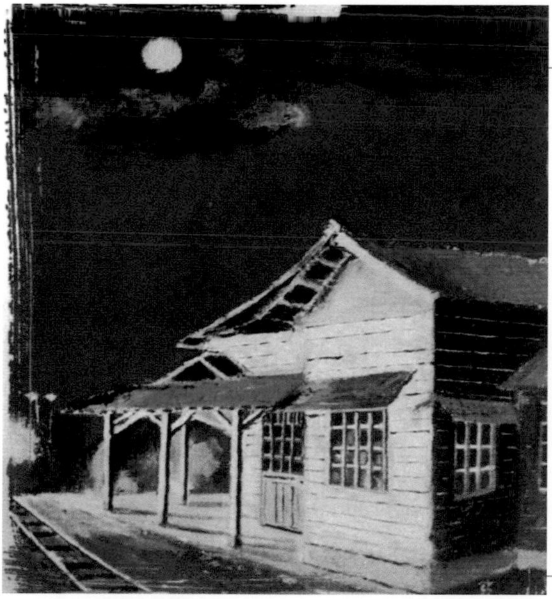

三塊厝車站

在同是前往屏東的線路上，曾經有過三塊厝這一站，因為屏東線早已營運多年，三塊厝周邊人煙稠密，商肆林立，絕對有設站必要。未料一九四一年高雄驛遷移新址，竟與三塊厝僅咫尺之隔，原有三塊厝的業務很快被高雄站兼併。此後三塊厝驛就廢置數十年，任憑風吹雨打，幾乎傾圮，這幾年終於經地方文史工作者呼籲，才開始進行重修、復原。

橋頭

楠梓
二等站

新左營
一等站，與高鐵左營站、高雄捷運共構

SOUTH

高雄

1908 年縱貫鐵道全通，打狗築港計畫也開始動工，填海造路的新生地就叫作「新浜町」，將本來在日本人聚落的山下町（今鼓山一路）之打狗臨時站南移至此。昔日的新浜町，今天高雄人都暱稱它「哈瑪星」，就是指現在哈馬星鐵道文化園區所在地一帶。打狗鐵道故事館的前身是台鐵高雄港站，而高雄港站正是本來的打狗驛（後來改稱高雄驛），高雄驛於 1941 年遷建到今高雄車站現址，哈瑪星的舊高雄驛才改為專辦貨運的高雄港站。

自從 1908 年縱貫鐵路全線通車，至 1941 年遷移高雄車站至現在地，長達 33 年的縱貫鐵路終點站高雄，指的就是高雄故事館的前身再前身，不過這座木造車站亦於 1966 年改建，即現在「打狗鐵道故事館」的硬體空間。

1941 年落成的高雄車站帝冠式主體建築物，目前移到高雄車站旁暫置。高雄鐵路地下化正積極趕工中，至今線路尚未移入地下，所以高雄車站仍是臨時的、高架的營業站體。

2016 年 5 月底，有關單位才公布新建高雄車站設計概念圖，預定 2023 年完工，總造價約兩百億台幣。

特等站，高鐵、高捷、台鐵三鐵共構。舊車站改設高雄鐵路地下化展示館

高雄港驛

NORTH

左營

新左營站通車後
改為簡易站

高雄

SOUTH

高雄港之推移與高雄港驛

二戰期間高雄是日本南進政策的第一線，為鼓舞士氣與保住帝國威望，凡新建的高雄市役所、高雄驛等，皆採帝冠式尖塔建築形式。本圖以居高臨下的角度，畫出高雄驛站體結構，左邊木造站房即初期打狗驛，門前四株椰子樹代表南國意象。圖中一部蒸汽火車是配屬南部行駛的 9 號車。

左下端畫高雄港水道，陸地上的黃色虛線是鐵路，最靠近港邊是縱貫鐵路終點站高雄，可是從中間往右轉折的鐵路線，是前往屏東的線路。就是為了將鐵道連結到屏東，才把最尾端的高雄站遷移到往屏東的線上來。

高雄港站營運末期，有兩部蒸汽火車停放在此，即CT251 與 DT609，後來移到左營蓮池潭靜態保存，直到二〇一一年高雄港站轉型為「打狗鐵道故事館」，這兩部火車又重回舊巢，成為鎮館之寶。

圖上方的 DT609 是一九二九年購入的四動輪載貨機種，原為日本的 9600 形，自一九一三年到一九二六年，十三年間總共製造七百八十四輛，確立了日本自製蒸汽火車量產的基礎。

圖下方是 CT251，屬三動輪的客運牽引車。型號開頭的「C」代表三動輪，「D」則為四動輪，四動輪火車體型較小，但馬力很大，所以專司載貨。CT251 系一九三五年才開始生產的 C55 型，並於同年進口台灣。這是因為那一年為響應「始政四十年台灣博覽會」開幕，而獲得與日本同步使用新型車種的優惠待遇。

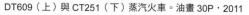

DT609（上）與 CT251（下）蒸汽火車。油畫 30P，2011

高雄港與高雄驛。油畫 30F，2008

築海線解決滯貨

「滯貨」是貨運「涉滯」（日語：「堵塞」之意），台灣縱貫鐵路運作十年之後，發生了嚴重的「滯貨」現象。

原先縱貫鐵路計畫案，因為軍事考量而避入山區，也就是今天我們所稱的「舊山線」。彼時，日清甲午之戰才剛結束不久，領台初期也是軍人統治的事實，以軍方的安全考量，最忌諱鐵道被海上船艦砲擊。即使日本東海道線初建，也有過同樣的爭議，經過調查之結果，日本陸軍始承認越過山區的大坡段，的確過於陡峭，才決議回歸東海道線原案。

那麼台灣縱貫鐵路為什麼後來出現「滯貨」狀況？原因是 1914 年第一次世界大戰爆發後，歐洲列強紛紛捲入戰爭，戰場在歐洲，原先亞洲所依賴由歐洲進口的民生用品或物資都無法運來，「MADE IN JAPAN」的產品，遂趁機取代，日本因此發了戰爭財。直到第一次世界大戰行將結束的 1918 年，台灣縱貫鐵路貨運的飽和狀態開始慢性化，不僅貨運蒸汽火車不足，所有貨物皆堆在倉庫中無法消化，倉庫不夠就堆棧在站場，任憑日曬雨淋，很多中南部的米、糖準備運往北部；而北部的煤炭要運到糖廠作為

上圖左至右 | 新埔站、大山站、談文站 | 下圖 左至右 | 追分站、日南站

燃料，也排不出北上南下的運輸車班。

連日本要運到高雄的物資，亦嫌海運太貴，改由基隆上岸，交鐵路貨運。1919 年是滯貨最高峰，日本也正值大戰景氣中，國內生產的蒸汽火車已供不應求，如何應付得了台灣的訂單。前文提到苗栗鐵道文物陳列館有一部DT561 的蒸汽火車，就是由美國緊急進口的，但仍遠水救不了近火，最大的瓶頸是舊山線的坡度過大，沒辦法拖曳三十輛以上長列編成的貨車，當時的蒸汽火車只能分好幾次牽引，所以貨運就堵在一起了。

於是鐵道部提出縱貫線鐵路迴繞路線計畫，1919 年起建，至 1922 年完工通車。從竹南之後迂迴海岸線，經後龍、通霄、大甲、清水、沙鹿、追分轉入彰化，此即是通稱的「海線」。

海線計畫案一公布，立刻引起台中市民的反對，理論上，平坦的海線未來可能發展為縱貫鐵道的主線，台中有被邊緣化之虞，所以強烈抵制。不過後來的鐵道列車運行，客運仍走山線（又稱台中線），大部分貨車才通過迴旋的海線。

木造老站寶庫

縱貫鐵路海線通車，已將屆九十五年，當初與全線竣工同時期開業的車站，現在仍有五座保存至今，不曾改建。巧合的是這五座車站都屬簡易型瓦頂木造驛，並且是很相近規格設計的，每站三角形屋簷下，都開有圓形老虎窗（圓窗）。

海線從竹南分叉後，南下之第一站「談文」，竟屈居在公路駁坎下，沒有廣場，附近亦無住家，頗有遺世獨立的特質。

次一站「大山」，出車站就有一條長長的馬路，所以大山車站處在道端位置，若從馬路看大山車站，很像一幢小木屋。車站玄關門廊為雙柱頂端的格子狀木裝飾，反而從站內透過格子木柱看出去，顯得更有特色。

「新埔」是海線最接近台灣海峽的一站，可是離市區尚遠，車站前的小馬路僅有幾間民宅，但附近沒有賣店。坐在地勢略高的站前階梯放眼望去，長堤外，台灣海峽已在眼前。新埔也有與大山一樣的格子木柱，亦是五座老站中唯一有登階的一站。

列車過通霄之後的「日南」，建築形式與大山雷同，也有格子狀木柱門廊，同時也是位於道端的幽獨小站。

海線最後一站「追分」，近年來因為「追分」─「成功」的吉祥站名，原來名不見經傳的小站因而竄紅了。為了珍藏「追分成功」的硬票，很多人只買票不搭車。

車票是從追分買到與縱貫線合流的「成功」，因僅一站之隔，票價只有十五元，但卻為考生與親朋帶來加持與祝福。

鐵道之旅，海線長征，最有鐵道文化巡禮價值的，莫過於海線是台灣現存木造老站的寶庫。

勝興站

一
九
三
五
年
中
部
大
地
震

1935 年 4 月 21 日清晨六點，台灣中部發生大地震，規模 7.1 級，因震央位置於苗栗關刀山地底，所以縱貫鐵路的山線，災情最嚴重。山線山洞多，橋樑多，幾乎都全毀，幸好還有一條海線，可以暫時取代南來北往的列車行駛。

山線鐵路重修達三年之久，也就是要重建車站，新架橋樑，補強隧道等等。損傷比較輕微的是離震央較遠的大甲溪橋，以及幸運維持完好的十六份驛（勝興）與三叉驛（三義）。車站傾倒的是大安驛（泰安），舊稱大安驛的泰安車站隨後重建，改以鋼筋水泥作永久保固打算，但新山線完成後，舊泰安站也跟著走入歷史。

當年受災行政區隸屬，在新竹與台中兩州州界，官方正式名稱叫「新竹台中州大震災」。縱貫鐵路海線經過的清水街，也受災慘重，尤其是清水驛周邊，包括驛舍本身，整條街都毀了。災後重建的清水驛亦採水泥造，

三義站，1995 年拆除

震災後的大安驛

台中線震災紀念碑

可是所有公部門辦公廳舍都移建到縱貫公路（台一線）兩旁，是以造成清水車站反而偏離市中心。

1938年山線修復重新通車，在泰安車站內建有一座紀念碑，說明震災與復舊過程。或許地處偏僻又非敏感性的日本統治者紀念碑，歷經政權轉換才得以倖存至今。不過這座紀念碑也是近十多年前，方從絲瓜棚中被鐵道迷發現，始重見天日。

今稱「舊山線」的縱貫鐵道之山線，於1998年9月23日開出最後一班列車後，從此功成身退。但是仍然保留在同線上的遺跡，都是見證台灣鐵道史篳路藍縷，繼往開來的活見證。

泰安車站

chapter 02

東部幹線鐵路

前進東台灣 ── 台東線與宜蘭線

2008.8.8.

前進東台灣——
台東線
與宜蘭線

新總督重點政策

　　1905 年日俄戰爭，台灣總督兒玉源太郎受命出征，前往中國東北前線，卻於戰爭結束後翌年猝逝。1906 年改派佐久間左馬太擔任新總督，他是歷屆台灣總督任期最長的一位，在位中的施政策略，首重台灣山地的治安。

　　佐久間左馬太（1906-1915 在職）於 1908 年 10 月縱貫鐵路假台中公園的通車典禮，就是由他親臨主持的。完成縱貫鐵路是前人種樹，他來摘果，實則佐久間總督治理台灣最迫切的課題，是「理蕃政策」，所以他提出「五年計畫理蕃事業」的大方針，欲以武力鎮壓經常反叛的原住民。

左圖 | 1908 年 10 月縱貫鐵路通車儀式在台中公園舉行。圖為台中公園通車典禮入口
右圖 | 縱貫鐵路通車典禮台中公園內會場

根據這個施政重點，他的視線已經朝向東台灣了。在那個交通全然孤立的台灣東部，依然是原住民的勢力範圍，故寧以開發東台灣為優先，順勢將統治的力量延展過去。

1907 年初，方甫上任一年的佐久間總督即刻前往花蓮、台東巡視，隨行的總督府鐵道部長長谷川謹介（1855-1921）與總督的共識，一致認為在台灣東部，當務之急得暫時鋪設一條獨自的鐵路。

同年（1907）台灣縱貫鐵路完工在即，若鐵道工程原班人馬移師東部，

當屬最順利的布局。再經過長谷川部長勘查台東線鐵道的成本反映，可以鋪設低標的 762 ㎜窄軌（西部幹線為 1062 ㎜）降低預算。1908 年日本國會通過台東線計畫案，1910 年台東線從花蓮起工，同年「五年理蕃計畫」決行，總督府在台灣東部同時施出兩隻鐵腕。但沒想到單純的花東縱谷地形，均屬土質鬆散路段，增加了路基補強的難度，所以工程進度遲緩，直到 1917 年才築抵樸石閣（玉里），號稱「台東線」，耗費了七個年頭卻仍未進入台東境內。

花蓮港木材會社利用伐木索道與鐵道運送木材至平林驛（已廢站的林榮站）

1928 年羅東林業事業區位置圖。以森林鐵道與鐵道運送宜蘭木材資源

1917 年台東線鐵道路線平面圖

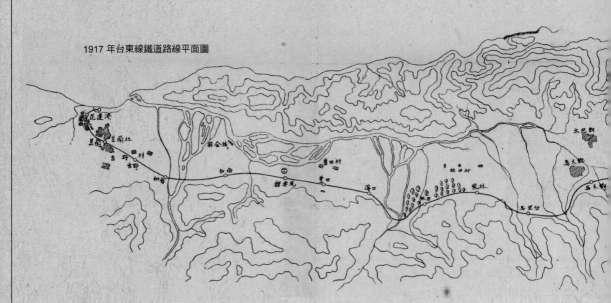

暫擱「台東線」，移師宜蘭線

　　統治當局對於台東線工事，一開工就未如預期順利，且又發現未來經濟效益更難以回收，遂有意延緩第二期工程，把建設鐵道新目標轉向宜蘭。因為宜蘭已於 1914 年進行勘查，1915 年測量完畢，僅待提出翌年日本國會批准。可是偏逢內閣不信任案，首相以下總辭，國會解散，全案遂延到 1917 年始獲裁決通過。

　　鋪設宜蘭線會回過頭來備受注目，固是基於產業開發的基本政策，然現實的理由是，1914 年佐久間總督率領六千餘軍警，親征太魯閣，制服了最強悍的泰雅族部落，東部山岳地帶已告平定，統治當局所形容的「蕃害」威脅銳減，台東線二期工事可以慢慢來無妨，因而轉向深入宜蘭線沿線的礦脈、稻米和森林，展開產業資源的

道線路平面圖

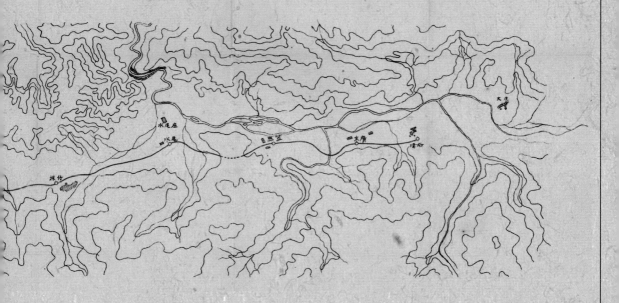

試探。然而時間也配合得真巧，台東線第一期工程，花蓮、玉里間通車在1917年的11月，同年10月，鐵道技術人員擱下台東線，全部移師宜蘭線，兵分兩路，各從蘇澳與瑞芳為興築據點，從兩個端頭起造，也就是說1917年10月1日，宜蘭線鐵路正式興工。不過，佐久間總督於理蕃事業告一段落後，即行卸任。新總督換成安東貞美（1915-1918在職），宜蘭線動工和太平山森林開始採伐，都算他任內的政績。

煤炭、稻米、木材可謂宜蘭線三寶，宜蘭線蘊藏的地下、地面和山林的豐富資源，是鐵道闢建的先決條件，沒有理由再拖到台東線完工，所以捨台東線南段，全力投入宜蘭線，就是在這樣的時空與現實的背景下促成的。

花東縱谷往台東──台東線

台灣鐵路建設的第二條幹線，本來是選定花蓮到台東，亦即當初企畫案定名的「台東線」，因為可以延用縱貫鐵道鋪設人員的班底，以及台東線既已規劃為窄軌路線，工程難度低，理應可以速戰速決。未料，花東縱谷土層鬆軟，隧道屢屢崩塌，洪水氾濫無法架橋，以致進度膠著，又逢勞力不足等因素，雖然已興建了七年，仍於 1917 年築抵玉里即行喊停，轉而開發更有經濟價值的宜蘭線。

到了 1921 年，宜蘭線僅餘三貂嶺與草嶺兩座超長隧道尚未鑿通，未完工程哩數已經縮短，基本工作人員才又移轉台東，這一年起，台東線玉里以下第二期工程重新開工。

翌年（1922）收購台東到關山間的製糖私鐵，併入台東線，至 1926 年起點花蓮，終點台東的台東線，始告全線通車。

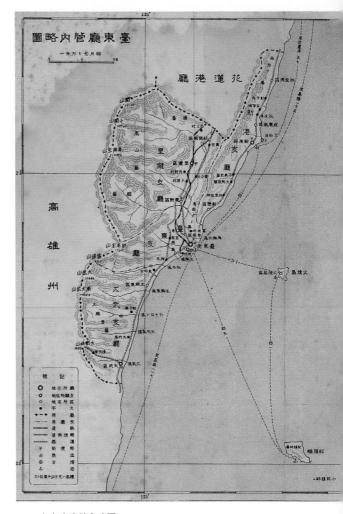

1928 年台東廳管內略圖

戰後花蓮至台東獨走的鐵路線，依舊維持窄軌運行達三十七年之久，一直到 1980 年北迴線開通後，花東線亦進行改軌，1982 年完工，同年 7 月 1 日全線切換 1067 mm 軌道，與西部幹線取得同一規格，從台北發車可一氣通抵台東。

2003 年北迴鐵路電氣化竣工，2014 年花東間全線亦完成電氣化，近年引進新型車種太魯閣號和普悠瑪號，都已能在東西兩條幹線上直通。

臺東鐵道線路縱斷面圖

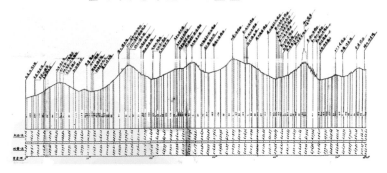

1917 年台東鐵道縱剖面圖

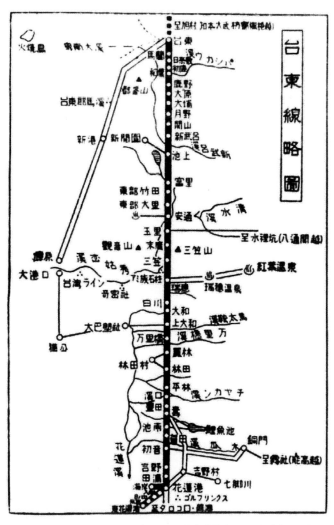

1942 年台東線略圖，可供東部旅遊參考

花蓮站古今談

昔日的花蓮港市街

　　1910 年開工的「台東線」，起點為花蓮，當時稱做「花蓮港驛」。1930
年代因應花蓮築港工程而擴建的花蓮港驛，採磚造水泥建材，築成西洋城
堡式造型的驛舍，1931 年竣工，成為花蓮市區最耀眼的地標。

　　可是 1944 年花蓮港驛遭美軍機轟炸，部分受損，等到 1949 年重建的時
候，僅保留底層的主結構，原來拱門玄關是挑高的，但重建時降低拱門，
僅維持中央加高，整座建築物平整、穩重、單純，唯比起周邊不斷興建的
火柴盒般連棟商店街，花蓮火車站的對稱形式，佇立站前廣場一端，依然
十分醒目。

　　這座翻修過的老車站，雄據花蓮的門戶，直至 1979 年，易地重建的花
蓮新站竣工，準備迎接翌年（1980）北迴鐵路全線通車。

　　此際花東線亦開始改軌，將花蓮到台東的窄軌鐵路拓寬為 1067 ㎜軌距。
所以雖然花蓮新站已建設完成，但是第一年只能提供經北迴鐵路到來的列

花蓮

吉安

志學

N

NORTH

三等站，舊名吉
野驛，備有小站
巡禮紀念章

三等站，備有小
站巡禮紀念章

花蓮港驛

車進站，花蓮舊站還要維持窄軌營運，便於往返花東的旅客利用。

　　1982 年 7 月 1 日花東線切換新軌距，同一天花蓮舊站卸下歷史性任務，自己也走入了歷史。

　　十年後（1992）花蓮車站拆除，連同附近相關鐵道設施也都因為沒有作用而廢置。再經過十年（2002）這一帶地區仍圍起籬笆，與馬路隔開，直到近幾年依閒置空間轉型文化園區的新定位，修復花蓮鐵道管理處與花蓮工務段等木造建築，開放為鐵道文化園區的一館和二館，供民眾自由參觀。二館是原花蓮工務段，現在把原來放在花蓮火車站前的窄軌巨無霸

「LDT103」蒸氣機關車

「LDT103」蒸氣機關車，移至二館陳列。在原來火車站遺址廣場新建一座「石來運轉」噴水池，指認花蓮舊火車站的位置，也就更明確了。車站拆除後的一大片空地，2015 年闢為東大門夜市，匯集了數百個攤位，是目前花蓮旅遊觀光的熱點，昔日火車站前熙來攘往的旅客，如今已成為越夜越美麗的國際觀光夜市了。

二○一四年升級特等站

平和

招呼站，無人駐守

壽豐

三等站，備有小
站巡禮紀念章

移民村豐田車站

木造時代的豐田驛

　　1910 年「台東線」動工，總督府認為開發東部已成竹在胸，可是人口稀少的東台灣，總督府冀望開拓的願景，有待藉助農業移民政策，所以自 1910 年起，在日本內地登廣告，招募日本偏鄉寒村的農民，來台種植稻米與甘蔗，總督府配給的土地都在花蓮，「吉野村」（今吉安）是第一個官營移民村，成立於 1911 年。第二個官辦移民聚落，就是 1913 年的豐田。豐田移民村於 1915 年建神社，1916 年豐田驛落成。

　　此一連串建設，概與移民村有關，豐田神社參道入口的鳥居，至今仍保存著，位於豐田車站前馬路直走約 500 公尺處。豐田車站於 1982 年改軌後，亦一併改建為水泥平房。

　　吉野村（吉安）離花蓮最近，都市開發與

早期豐田神社參道入口的鳥居

N
NORTH

豐田	林榮	南平	鳳林	萬榮	光復
	原簡易站廢站，因花東鐵路電氣化，預計復站設立新林榮站	三等站，備有小站巡禮紀念章	三等站，備有小站巡禮紀念章，有月台便當販售	三等站，備有小站巡禮紀念章	三等站，舊名馬太鞍驛

1942 年吉野村與村民　　　　　　修復後的舊派出所，已轉型為文史工作室

更新也最早，移民村早已片瓦不存，倒是偏遠些的豐田尚有遺跡可循，除鳥居之外，移民村農舍已不復存，只有公部門木造建築因屬日產公物，由地方政府接收，其中有一間派出所，今已重修復舊，轉型為文史工作室。

　　隨著花東線改軌重建的站房，都僅有功能缺少美學概念。2014 年以後，花東線沿線車站大多數更新，舉光復車站為例，重新美化屋頂、外牆、並淨空候車室。光復站下一個無人小站大富，仍維持原樣未動，只在進站階梯放置幾個鏤空的人形裝置藝術。其實大富車站造形和沿線一些小站幾乎大同小異，但是只有大富車站前方的自然風景卻是獨一無二的。

簡易站，備有小站巡禮紀念章

光復車站　　　　　　　　　　　　大富車站

大富	富源	瑞穗	舞鶴	三民	玉里
	三等站，備有小站巡禮紀念章	三等站，備有本站及舞鶴小站巡禮紀念章	無人號誌站	三等站，備有小站巡禮紀念章	台東線唯一的一等站

SOUTH

山巒皺褶起伏在大富

招呼站，僅停靠區間車

　　大富雖然是小站，可是坐擁海岸山脈皺折起伏的最佳觀景位置，走出無人看守的小站，仰望連綿山勢的摺曲光影，旅人與自然在此相逢。

　　花東鐵道行駛在縱谷之間，一邊是中央山脈；一邊是海岸山脈，綿延的海岸山脈到了大富，突然間山脈的紋理曲折分明，又有太陽的光影突顯山稜線，橫長的山塊曲折變化無窮，從這裡到下一站富源，約有三公里長。

鐵道行駛中，可望見海岸山脈稜線分明

　　這一段大富、富源兩站間的海岸山脈奇觀，從前山腰下是一大片廣袤的甘蔗園，遠遠望去，整齊的林相，和翡翠般的色澤，從平地緩緩上坡，蔗林隨風搖曳的韻律，真是教人沉醉。山頭上一棟隱約可見的建築物，是外役監獄，附近幾乎不見民家。火車通過這段路，因為鐵道路基較高，從車窗遠眺，視野更是遼闊。

　　2000 年之後，山坡林相有很大的改變，即台糖提供土地，林務局規劃造林，有意朝向觀光化發展，大富到富源一帶，現在已闢為「平地森林遊樂園區」，這一片曾經是花東縱谷的祕境，如今已經可以開車長驅直入，上到監獄前的制高點，回望中央山脈，俯視眼前鬱鬱蔥蔥的綠野，這一段花蓮海岸山脈，可說是花東鐵道上一顆新發現的綠色寶石。

長良	東里	東竹	富里	池上	海端
計畫中站場	三等站，備有小站巡禮紀念章	三等站，備有小站巡禮紀念章	三等站，備有小站巡禮紀念章	三等站，備有小站巡禮紀念章，因池上米而以池上便當聞名	乙種簡易站，位於關山鎮

N
NORTH

遠眺台東市街，1931 年

東線唯一老站關山

第二期「台東線」工程，1921 年重新動工，翌年收購「台東拓殖會社」的窄軌糖廠線里壟至台東的一段，總長 41.9 公里，同年台東、關山間開始營運，設「里壟驛」，暫稱「台東南線」。因為北線玉里以下還在施工，只有南線先行通車，直至 1926 年窄軌「台東線」全通，1937 年里壟更名「關山」，所以東線碩果僅存的老車站關山，已經超過九十歲了。

1980 年代初，東線鐵道改為寬軌之同時，全線所有車站重建，沒有一座木造站房倖存，卻只有新關山車站南移數十公尺後，將關山舊站留置原地。起先充做貨運服務處，後來變成倉庫，建築物也日復一日傾圮，但仍勉強撐著殘破的站體。

所幸垂垂老矣的老車站，終也等到重生的機會，完全修復了。這幢造形別緻的驛舍，靈感來自於總督府的移民政策，當初移民村的理想國在吉野與豐田，而且農業移民已紛紛進住，但那都是在早已完工的第一期「台東線」範圍內（花蓮至玉里），當第二期工程一開工，首先建造的關山車站，立即被連想起日本北國農舍的式樣，像長野縣小岩井農場的農業建築，參雜著很多西方建築語彙，關山車站也是基於這個原理，設計成多角形屋頂，屋簷下開半圓窗和方形窗櫺，大部分採木造，混合少部分水泥之典雅建築，如今又重現江湖，靜靜佇立在關山車站一旁，彷彿孤高傲世的隱者，在東台灣的土地上看盡滄桑。

造型典雅的關山車站

三等站，備有小站巡禮紀念章

關山	瑞和	瑞源	鹿野	山里	台東
	招呼站	三等站	三等站，備有小站巡禮紀念章	三等站，有「傳說中到不了的車站」之名	一等站

SOUTH

丟丟銅仔過「磅空」──宜蘭線

　　1924 年 11 月 30 日，從縱貫鐵路八堵為分歧點叉出的宜蘭線鐵路完工，直接通往蘇澳的鐵道新線，以當年的台灣戮力推動近代化的視野，著實已將眼光朝向東部，建設了一條與西部連結之最長的鐵路支線，全長 95 公里。這一天是慶祝宜蘭線全通的通車典禮，假宜蘭公園舉行盛大儀式。

　　宜蘭線鐵道開通式典選在宜蘭公園，因為宜蘭是政教中心，也是蘭陽平原的交通樞紐。宜蘭線通車典禮，是宜蘭開發史上最大盛事，但是統治當局並沒有像 1908 年縱貫鐵路全通時的大典盛況。1924 年宜蘭線鐵路全通式，即因一年前才發生過毀滅般的關東大地震，猶在療傷止痛中；另方面宜蘭線是較低規格的單線與低標準的軌條磅重，所以暫時不唱高調，由地

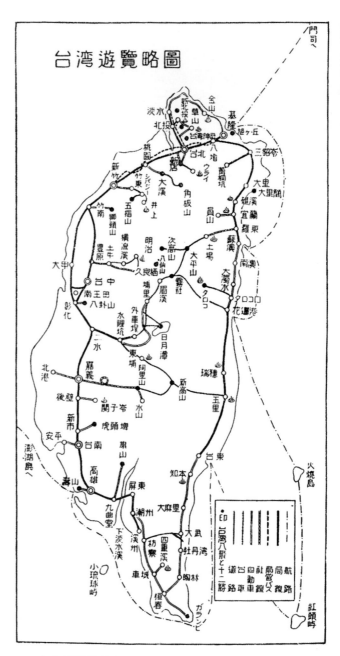

1930 年代台灣遊覽略圖

1935 年宜蘭公園

1927 年宜蘭街一景

方政府動員地方人士，但仍為宜蘭地區空前的嘉年華會。

當天，發動小學生集合月台，高唱萬歲迎接進站的列車。也招待南澳、羅東山區原住民與會。公園裡舉行 150 名來自基隆、台北與本地的藝妓們表演節目。閉幕後，來賓分兩隊人馬，分別北上，觀光礁溪溫泉；南下則前往蘇澳港町遊覽。晚上又有公園放煙火，以及提燈遊行活動。

一切活動經費概由「鹿島組」買單。1880 年創業的「鹿島組」至 1924 年已是日本首屈一指的大建築商。鹿島組承攬宜蘭線鐵道的土木工程，包括草嶺隧道、宜蘭至蘇澳間 29 座鐵橋等艱鉅工程，是以慨然負擔宜蘭線全通式典禮所有費用。

八堵

宜蘭線初建以八堵為分歧點，然後一路奔向終點蘇澳。八堵車站比較不能成為話題，倒是近年完成的八堵新鐵橋，可視之為八堵的新地標。

跨在基隆河的八堵橋，是前往基隆的鐵道橋，宜蘭線則不必過河，直接沿河岸行走。

八堵橋上一部自強號列車正要駛向基隆。此刻，火車離開八堵車站才十來秒而已，過橋之後馬上又將鑽進山洞，藍色的八堵鐵橋挾在八堵車站與竹子寮隧道之間。

八堵橋。油畫，8F，2016

2001 年 9 月 17 日，納莉颱風過境，基隆河水暴漲，沖垮本來的梯形鋼樑橋，重新建造的八堵橋之弧形跨樑很壯觀，是以地標性至為明顯，人們一看到八堵橋，即知八堵車站到了。

宜蘭線起點，新地標八堵新鐵橋

暖暖

1980 年代宜蘭線雙軌化工程進行中，也重新改建所有本來的舊站房，因此沒有任何一座木造驛得以倖免。1986 年全線雙軌化完工，卻獨留暖暖木造小站，原因是本站業務不振，已降為無人看守車站，所以改建不符合經濟效益。暖暖車站一直撐到 1995 年也默默消失了，原址夷為平地，僅剩月台、天橋和站名牌，只有通勤列車才會停靠。

暖暖小站

宜蘭線最後拆的木造驛

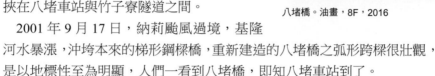

八堵　　　　　　　　　　　　　　　暖暖

NORTH

四腳亭車站

四腳亭

四腳亭、瑞芳、侯硐都是因採煤而興的城鎮，基隆河從三貂嶺九十度右轉，沿著平溪支線一路上也都是礦區。

四腳亭本來是人煙稀少的地方，隨著採礦事業發達，人口逐年增加，基於客貨之需 1919 年建置四腳亭驛。

四腳亭車站日本時代鄉民常拿車站名開玩笑，四腳「停」下一站瑞芳，日語發音是「ずぃほう」，台民把它唸作「隨好」，就表示死而復活。車站四周很寧靜，上學、上班時段已過，只剩下早餐店還有動靜。

今天改建過的四腳亭車站售票業務，已移至月台辦理，車站大廳反而閒置。四腳亭車站設計毫不起眼，前站出口有兩排連棟街屋，多數店面都門扉緊閉，宛如沉睡中的小鎮，畢竟，隨著礦業蕭條，四腳亭也跟著沉寂了。

好在四腳亭因為沒有過度開發，意外留住一些鐵道史現場的舊線跡和廢山洞，落寞的四腳亭不愧為是宜蘭線鐵道考古學的寶庫，業已成為鐵道迷踏查探索的好去處。

宜蘭線雙軌化新線從四腳亭到瑞芳，於 1977 年提前完工通車，兩座舊隧道廢置，如今仍埋在大片樹叢裡，比較不容易找。但是走出四腳亭前站，沿著往瑞芳方向的鐵路欄柵旁便道前行，這裡就是舊線路基，蒸汽火車時代的給水塔仍佇立在路邊。繼續往前是一列參差不齊的民宅，有一部分還是鐵路舊線跡呢。新舊鐵道切換，還能清楚分辨出來舊線遺址，現在還可以找得到這樣的歷史現場，殊為不易吧！平凡無奇的四腳亭車站竟然隱藏著不平凡的鐵道遺產。

四腳亭舊線跡

往瑞芳鐵道新線旁的鐵道設施歷史建築

右邊是往瑞芳鐵道新線的欄柵，左邊是蒸汽火車時代使用的給水塔和鐵道設施，都已是接近百年的古蹟了，值得有關單位重視。

三等站，備有小站巡禮紀念章

四腳亭

瑞芳

一等站，平溪線轉乘站

侯硐
（猴硐）
── 因為貓而翻紅的人氣小站

侯硐是因採礦而興的小村落，但是現在的侯硐車站卻成了人氣觀光景點，除了貓村之外，侯硐站外還殘留著煤鄉殘影。當火車駛出侯硐，開往三貂嶺之一刹那間，橋下是煤礦舊坑口的輕便鐵路，左邊是歪斜的木柱電線桿和吊橋遺跡，兩股軌道的交點有一排紅磚造礦工宿舍。

自從鄉民們的在地意識抬頭之後，侯硐地名今已全面改回原來的「猴硐」，所有靠近火車站的標誌皆已重新標上「猴硐」字樣，包括月台上的站名牌也改為「猴硐」了。

侯硐車站。油畫，30P，1996

連續隧道群

福住隧道與一旁由舊鐵道整建的鐵馬道

從前開鑿著的宜蘭線隧道，因為都是單線規格，坑洞淨空不大，一旦實施雙軌化必然不敷使用，所以宜蘭線沿線的舊山洞全數廢置。其中，出猴硐車站左轉，沿單線時期的舊線跡，走到盡頭有三座連續隧道，今已修整為鐵馬道。

一圈套著一圈的連續隧道，一長兩短，依在新鑿的福住隧道旁，今昔鐵道風景在此交會，實屬難得的一景。《丟丟銅仔》這首宜蘭民謠的由來，據說是宜蘭線鐵路有不少長短不一的隧道，而「丟丟銅仔」比喻的是山洞內的水滴聲。若有機會親自走一回猴硐連續隧道群，立可感受到「磅坑的水伊都滴落來」的臨場感。

侯硐

上圖｜三貂嶺站
下圖｜三貂嶺隧道前鐵道分岐線往平溪

數字火車站密集區

台灣的數字火車站名，從頭數到十，宜蘭線鐵路起碼有六站以上，比例之高冠全台。八堵亦其中之一，此外，鐵道開通即設站的數字火車站名有頭城、二結、三貂嶺與四腳亭。

三貂嶺

深藏在基隆河中游河谷間的三貂嶺車站，窄窄的地面已鋪上軌道，幾乎沒有腹地。月台亦緊貼山壁，出車站基隆河即逼在眼前，旅客僅能沿河岸邊的小徑通行。岸壁下滾滾基隆河奔流，河道在這裡大轉彎，流向平溪，所以三貂嶺是宜蘭線與平溪線鐵路的分歧點，車站雖小，但交通樞紐地位不可忽視。

由於地形的關係，全台所有火車站中，它是極少數汽車無法抵達的驛站之一。此地除了少數釣客，附近沒有民家，旅客下車有如闖入祕境，若說是宜蘭線的祕境驛並不為過。

三貂嶺站是老舊的木造平房，兩座月台跨距甚短，所以也沒有架天橋，卻意外保存了早年台灣鐵道的「素顏」。宜蘭線鐵路從這裡立即進入三貂嶺隧道，是以看到對岸隧道口和兩線鐵路分叉，也是一幕令鐵道迷驚豔的鐵道風景。

乘降客稀少，如幽谷一朵蘭的祕境驛三貂嶺，鐵道設施是唯一文明產物。1922年三貂嶺車站開始營業，但仍是宜蘭線北段之終點（北段從八堵起建至此先行通車），若再向前推進得要開鑿兩公里長的隧道，直到同年年底三貂嶺隧道才鑿通貫穿。

今天看到的三貂嶺隧道，是隨宜蘭線雙軌化而新鑿的，舊山洞也在過河左上方，坑口已封堵，唯三角形山牆有明石元二郎總督題字的「至誠動天地」。

三等站，備有小站巡禮紀念章

三貂嶺 — 簡易站，僅停區間車

牡丹 — 二等站，以牡丹坑溪與坪林溪匯流為名

雙溪 — 甲種簡易站，備有小站巡禮紀念章

貢寮 — 三等站，以月台便當與海洋音樂祭聞名

福隆

石城

招呼站，僅停區間車

石城設站甚晚，濱海公路高於鐵路路基，石城站屈身在公路駁坎下，頗有鐵道祕境驛之趣，石城的海岸月台距海很近，空曠無人的親海風景，確是一處療癒人心之處。

宜蘭線的車窗風景，最可圈可點的地方，就是海岸線旅路。火車過了長長的草嶺隧道，一出山洞，婆娑之洋立刻逼近眼前，龜山島在望，搭上各驛皆停的通勤電車，很快地滑入石城站，這是一座無人看守的火車站，旅客稀少，連原來的舊站房也拆了，但是登上天橋看海卻是本站的絕景。

石城站天橋上的絕景

大里

甲種簡易站，備有小站巡禮紀念章

火車出石城站，三分鐘後抵達大里，海與車站之間是民宅老街，只是從大里車站看得到海，卻到不了海。不過沿著車站旁往遊客中心的棧道前行，有一道棧橋，只要是好天氣，映入眼簾就是一片蔚藍之海。

宜蘭線鐵路開通以前，台北盆地與宜蘭之間的出入動線，只能循山路，攀越草嶺古道是唯一孔道。大里車站的天公廟，即是從台北入蘭的端點，也等於是宜蘭出外人北上的起站。初時，台北的那一端出口是在暖暖。

昔日，宜蘭的出外人返鄉，氣喘吁吁地爬過草嶺古道即將到達終點，從高處遠眺，看到海上的龜山島，忍不住嘆一聲。啊！鄉關在望了。是以龜山島從古到今，對宜蘭鄉親而言，宛若守護家園的象徵。

大里站令人驚豔的祕境海景

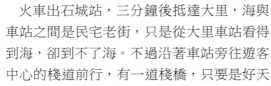

石城　　　　　　　　　　　大里

大溪車站遠眺龜山島景觀

大里車站原風景

二十多年前的大里車站，尚未電氣化，也沒有天橋和第二月台，仍是白水泥的月台欄柵，僅挨著海邊，遠處伸向海面的三貂角，亙古千年不移。這是一幅宜蘭線電氣化前的大里車站原風景。

大里站原風景。油畫，15 號，1994

宜蘭線鐵路沿海車站的大溪，是沿線最大漁港，所以大溪車站周邊及其附近，擁有大型聚落，可是大溪車站卻非常簡陋，外觀看來像一座臨時搭蓋的違建。不過若是從「望海的車站」這個角度，大溪車站玄關門正對著龜山島，從美學觀點，大溪站內背光的暗影，有線條交織的特殊構圖，透過觀景窗效果，得以窺得望海的極佳鏡頭。

大溪的下一站龜山，出站後過馬路有小型漁港，回往大溪方向走去就是北關，但徒步尚有一段距離。從龜山車站望海宛如觀景窗鏡頭，海平面上參差著樹木和人工景觀，以及地板的紋路，即使是簡陋的龜山站，也有望海抒情的效果。

龜山車站外漁村風景

大溪

龜山

外澳

外澳站前的公路原是日本時代開闢的便道，鐵路架在面海的山腰，烏石港位於外澳與頭圍之間，所以自古即有聚落，因而在此設站。這一帶的海岸屬沙灘地，龜山島就在視野之內。站內一株大概與外澳驛同齡的老樹，構成車站自然的天空線，可惜搭建人行路橋之後，一幅美景已然被干擾了。

外澳車站玄關已經封閉，改由天橋出入。站外景觀大改變，是因為海岸已成為衝浪戲水的勝地，所以增建了觀光設施。倒是車站營業狀況並沒有因此提升，反而是搭火車下車望海，卻不會遇上乘客人潮的從容感。

望海的車站

北關最壯觀的地形是伸出海面的單面山，現在已闢為風景區。反而是龜山車站縮進公路駁坎，開車族呼嘯而過，很容易忽略它。它原來是一幢日式木造驛舍，跟隨宜蘭線雙軌化工程時，一併改建為水泥平頂站房。

宜蘭線最接近海岸的石城、大里、大溪、龜山、外澳五站，其中後四個驛站同時開業。龜山站外海岸巨岩嶙峋，在地勢上益形險峻，是以清廷治蘭特別在這裡設一門關卡，成為堅守蘭陽平原北端的天然門戶，因此才取名為「北關」。

招呼站，僅停區間車

外澳站外景觀

外澳

　　頭城原名頭圍，是清朝時代吳沙帶隊翻山越嶺來到宜蘭墾荒的第一個基地，圍城以防噶瑪蘭人來襲。開墾壯丁們又繼續往南，並分別圍城以自保，所以宜蘭有頭圍到七圍的古地名。

　　宜蘭線鐵路南段從蘇澳起建，逐站北上，至 1920 年頭圍驛開業。同年頭圍實施都市計畫，火車入蘭第一城的和平街上，出現了大正時期紅磚拱形騎樓建築，至今仍保存完好的連棟紅磚老屋，已是一條近百年老街，行走其間宛如時光隧道。

　　戰後頭圍改名頭城，更象徵了列車駛進宜蘭縣境的第一座城市。1986 年宜蘭線鐵路雙軌化後，新建的頭城車站，採鋼筋水泥貼磁磚，站體規模不大，但特殊點是打破車站設計通常都是左右對稱的慣例。車站的不對稱設計如當代重新改建的斗六、民雄等比比皆是，但三十年前新建頭城車站即有了這樣的新潮觀念，是很難得的。而截至目前為止，站體建築正在更新中。

頭城車站

2010.3.8
頭城

三等站，備有小站巡禮紀念章

頭城

頂埔

礁溪

四城

招呼站，僅停區間車

三等站，以溫泉聞名，站名看板有溫泉意象

甲種簡易站，僅停區間車

宜蘭

宜蘭驛

一等站，站場周邊以文創園區營造

台灣東北部首屈一指的城鎮宜蘭，應運鐵道開通的驛舍造型也分外考究，第一代宜蘭驛係採日本社殿式建築形態，很像日本神社的模樣，並將玄關裝點成仿唐樓門之屋簷，這種折衷式樣，最常見於日本江戶初期的城樓，以誇示武人文化崇尚豪壯之美的氣勢。

宜蘭線的蒸氣火車

CT 284 雄姿

CT 284 是戰後經美援向日本購入的大型蒸汽機關車，本來專跑縱貫鐵路，一九七九年西部幹線電氣化之後，移師到宜蘭線服役，直到一九八三年功成而退，現在陳列於宜蘭市體育公園。

宜蘭　二結　中里　羅東

招呼站，僅停區間車

二等站，車站建築有宮廷式外觀

二結是古昔以結首制進行武裝合墾而留下來的地名。鐵道開通後引進製糖、造紙在二結附近設廠，二結車站僅有一個月台，卻是有好多股軌道並列與交叉的大站場，可見當初貨運量占有極高的比例。

現在走出車站迎面的馬路，一端受阻，另一端則與大馬路垂直，可見二結車站不在道端，也偏離幹道。倒是與站場內側毗鄰的「二結穀倉」，係1930年所建，近年重修完工後，已變身為米文化展示場，館內庭園設有休閒區，隔著欄柵可觀賞火車通過，也是拍攝火車動態的最佳據點。

普通平房造工的二結車站，實在沒什麼話題。可是看到站前堆置的摩托車和腳踏車，即可知道它是通學生最常利用的小站。

二結車站

二結

三等站，備有小站巡禮紀念章

2008.8.20 二結車站

冬山	新馬	蘇澳新	蘇澳
二等站，冬山河生態綠舟為著名景觀	招呼站，僅停區間車	一等站，宜蘭線、北迴線車站	二等站，以冷泉聞名，宜蘭線最末站

SOUTH

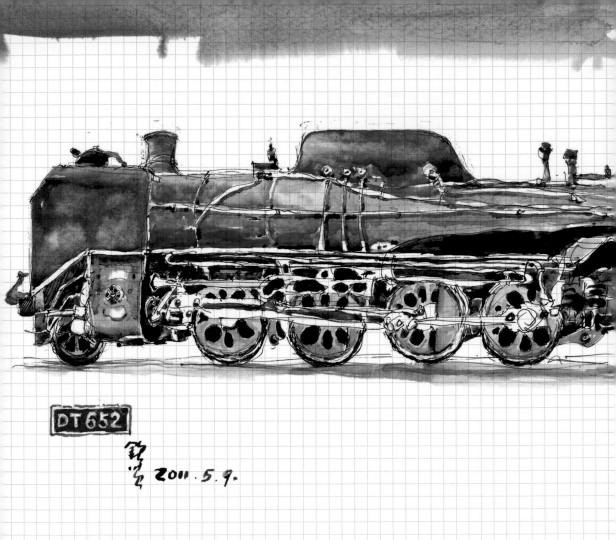

DT652

2011.5.9.

chapter 03

支線風情

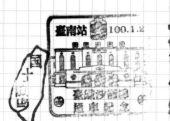

深入海邊及內山的支線

深入海邊
及
內山的支線

　幹線是交通主要動脈，里程比較遠長，從幹線分歧前往偏遠地區的線路叫「支線」，環島鐵路通車之後，宜蘭線與屏東線皆已升格為幹線的一段。

　台灣因為地形的關係，幹線鐵道呈南北走向，支線都是橫向進路，奔往河口或深入山地。通常是因為產業開發而新建的支線，一旦產值殆盡，也都面臨過廢線的危機。

　率先轉型觀光的阿里山支線，鑒於阿里山的高人氣，四季林相分明，以及日出、雲海的特殊景觀等，所以把它變成森林觀光鐵道，持續營運。但阿里山線不是由鐵路局管轄，而歸屬於林務局。

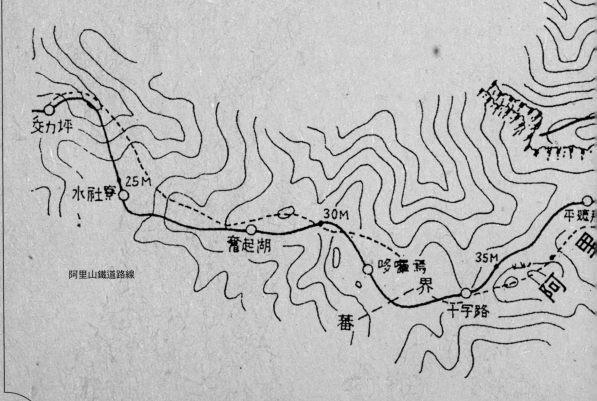

阿里山鐵道路線

阿里山支線也是登山鐵道，繞山盤旋是最大特徵，但若遇到沿線坍方，就會處在僅部分路段通車，或全線停業的窘狀。

今天，台灣鐵路支線皆已成為實質上的觀光鐵道了，每天定時定刻出發，活潑鮮豔的彩繪車身，蜿蜒於青山綠水之間，為台灣的旅遊增添了更豐富的元素。

阿里山鐵道

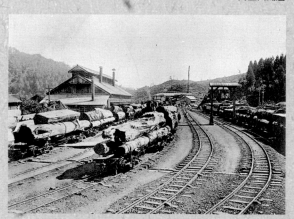

沼平站

舊淡水線

今天人氣鼎盛的淡水風景區，有山有水，有紅毛城等自然和歷史的景點，不僅視野廣，古蹟多，可以說是喧囂台北的後花園，每天總有數不清的乘客出入淡水捷運站。這一條新建的都會型通學、通勤兼旅遊的捷運淡水線，幾乎是循著原先台鐵舊淡水線的路基而行，在台北市區境內是地下化，進入圓山即高架化，過北投之後轉地面行駛，最後又爬上終點淡水的高架車站。

無人不知的淡水和捷運淡水線，但關於淡水線的早年身世卻鮮為人知，原來它是日本人在台灣興建的第一條鐵路，理由是為了輸運建設台灣縱貫鐵道所需要的資材。因為基隆築港才剛動工，原劉銘傳鐵路基隆台北段正在進行改線，所有人員與材料必須先用船從日本運來淡水，於是率先鋪設淡水到台北之間的鐵路。結果，縱貫鐵路直到 1908 年始全線通車，但是 1901 年淡水線已經開放客運，正式營業了。

這一年（1901）10 月 28 日，圓山的台灣神社創立，舉行大祭儀式，神社奉祀客死於台灣的征台軍統帥北白川宮能久親王，大祭日是北白川宮六週年忌辰，北白川宮能久親王妃富子，以神社鎮座式敕史身分抵台，並順道赴各地追思先夫遺跡。由於淡水線通過離神社最近的圓山驛，遂恭請她主持 10 月 25 日在台北驛舉行的淡水線通車典禮。

鎮座大祭第二天，10 月 29 日親王妃從台北乘火車赴淡水參訪，11 月 1 日到新竹視察北白川宮紀念碑，翌日北上基隆，訪問北白川宮宿泊處，然後南下憑弔台南的親王御遺跡地，最後從打狗搭軍艦返回日本，前後滯台

北白川宮能久親王

也同時發布能久親王病歿，每年台灣神社大祭，即是親王的忌日，所以親王妃一九〇一年來台，就是為趕上台灣神社的鎮座式（神靈安坐式，因北白川宮能久親王已被總督府神格化）。

北白川宮能久親王夫婦生下成久王，繼承北白川宮宮門，卻於一九二三年四月旅歐途中，在巴黎駕車發生事故身亡，因而導致皇太子於同年同月訪台行程延後了數天。

成久王的兒子永久王繼承北白川宮之後，第二次世界大戰從軍，配屬在中國河北省張家口，竟意外被迫降的日本軍機擊中而喪生。北白川宮三代均客死他鄉的異例，誠為悲劇的皇族宮家。

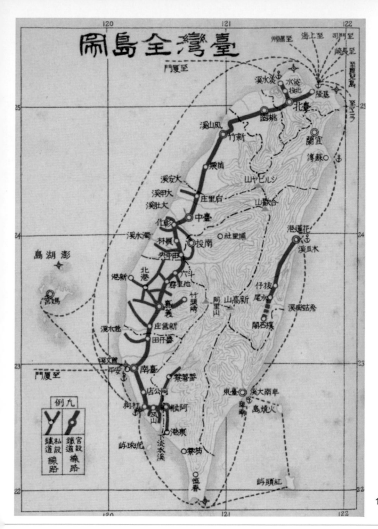

1916 年台灣全島圖上的淡水線

北白川宮能久親王（1847-1895）

北白川宮能久親王一八四七年出生於另一宮家之王子，幼年時期依皇族習慣先入佛門，成長後還俗。一八六八年明治維新討幕戰爭中，一度擁立親幕勢力，反抗政府軍，事平之後被處幽閉。一八七〇年北白川宮赴德國修習軍事，二年後（一八七二）以能久王身分繼承北白川宮之宮門，但尚未晉升「親王」。

留德期間他與歐洲諸國王族交際頻繁，遂向本國申請追加留學經費而未果，又與德國貴族之女有公開的婚約，因皇室規定皇族不得與外國人結婚，而惹怒明治天皇，命令他即刻返國。一八七七年北白川宮回國後求見明治天皇不成，並再度被處幽居京都三個月，但總算還給他親王名義，正名為北白川宮能久親王，但從此與明治天皇之間有一種微妙的距離。

一八九五年甲午戰爭中，明治天皇有意讓他將功抵罪，特以近衛師團長頭銜派往中國東北前線，但此際已在醞釀和談，待訂下馬關條約後，命他前往接收台灣。同年五月二十九日，能久親王率兵自澳底登陸，率日本人踏上統治台灣的第一步。

一八九五年十月征台軍攻下台南，竟

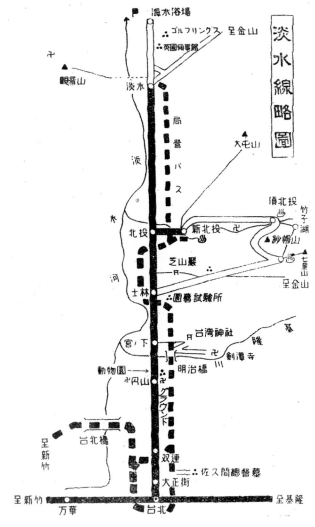

1934 年淡水線略圖

十二天。

　北白川宮親王是皇族宮家之一，皇族是歷代天皇嫡系外的後代。能久親王妃富子是第一位來台的皇族。第二位訪台的皇族，是七年之後縱貫鐵道全通大典，總督府邀請閑院宮載仁親王蒞台參加台中公園的通車儀式。

　清末，淡水港河海航運盛極一時，1908 年縱貫鐵道完成，舊淡水線成為台灣鐵路第一條支線，同時因淡水河迅速淤塞，港口客貨運量又被奪於基隆，終於逐漸沒落下來。直到 1980 年代，淡水在地青年開始關心淡水鄉土史，並重視傾圮中的老街與殘存古蹟的價值，淡水的夕照也吸引不少遊人，畫家們更是趨之若鶩，用彩筆直訴淡水之美，事實上，1980 年代淡水的人文歷史已引起文化界高度關切。

　1988 年 7 月 16 日，是淡水線結束營業的第二天，特別加開「淡水最後一班列車」，未料竟激起民眾對鐵道產生興趣的高潮，也許失去一條鐵路之後，才喚醒人們將鐵道重新朝文化意義評估。

長安　　日治時期站名「大正街」

中山

雙連　　老地名雙連陂，原為靠近大稻埕的灌溉埤塘

民權西路

雙連

圓山　　老地名圓山仔，位於基隆河南岸的小山丘

圓山

劍潭　　相傳與十七世紀鄭成功軍隊有關

劍潭

台北後站

台北後車站

台北後火車站是 1930 年代，因圓環一帶空前繁榮及交通益形重要，為方便此區域民眾進出台北車站，而新開的一口後門。建設台北後車站時，前站還是磚造建築，1940 年重建鋼筋混凝土台北驛竣工，因中間隔著鐵軌大站場，後車站是一座完整的獨立體，所以沒有受到前站改建的影響。

水泥造的台北車站佇立原地半世紀，至 1986 年拆除，開始新建今天我們所看到台北車站。

原先從台北後車站進入剪票口的第四月台，正是舊淡水線的起點。這一幢長形的台北後車站，因新建的台北車站已經往北移位，又有東西南北四個出口，後車站也自然喪失功能。遺憾的是，台北後車站於 1989 年 9 月新站正式啟用之同時，毀於一場無名火。台北後車站木造站房高於路面，必須拾級而上，到後來才剷平階梯，讓出做為馬路，並圍起欄杆以策安全，僅留出一小段階梯在左側盡頭，作為出入口。

台北後車站的建築特色是弧型懸臂樑，頂住遮雨棚，瓦頂開七口軒窗。進站後，窗緣下有一長排候車椅，面對著售票口與掛在牆上的時刻表與票價表。

1970 年代台灣農工經濟轉型期，從南部北上求職的青年人，大多數從台北後車站下車，華陰街一帶的職業介紹所和附近的小旅館便成了他們踏入台北繁華都會打拚的第一步，這也是台北後車站昔日的社會風景。

舊淡水線起點

士林
早期舊名八芝蘭，後因文風興盛而改以「士子如林」之「士林」為名
士林

石牌
此地因設置「漢番界碑」分界得名
石牌

嘰哩岸

王家廟
此站因鄰近王家廟而得名，為附近大同公司北投廠通勤車站
奇岩

北投
可轉乘新北投線至新北投站
北投

新北投
新北投

NORTH

新北投車站原形

淡水線是台灣縱貫鐵路的支線，1916年淡水線中途大站北投，又叉出1.2公里線路延伸至新北投，遂成為支線中的支線，鋪設這一條短短支線的理由，是為了接駁到新北投溫泉鄉的旅客。

新北投驛

1936年因應與日俱增的溫泉客，由鐵道部營繕課施工的新北投木造驛竣工落成。這是新北投步入興盛期的玄關門面，瓦頂有三座老虎窗（軒窗），小小急斜式山牆很別緻，最特別的地方是從畫面中可以看得出來的，火車停放的位置及月台，與車站成直角，乃是終端驛的特徵。如果是一般車站的站房，軌道通常是與車站平行的。

後來新北投車站又經過增建，加長驛舍長度，屋頂多了一口軒窗，且與台北後車站一樣，採弧型懸臂支架，撐住雨庇。然而二次大戰日本敗象中，新北投支線為轉用國防物資之需，拆除鐵軌，致使這條支線一度停擺。

舊淡水線營業末期，新北投車站附近的「台鐵員工訓練中心」，特別拖來一部本來跑淡水線的CK124蒸汽火車母存放於此，本來有意動態復活，卻被CK101搶先一步，不過2001年CK124也重修復駛上路了。

1988年舊淡水線停止營運，新北投車站也從此走入歷史。翌年（1989）火燒台北後車站之同時，台北市政府將新北投火車站捐予彰化「台灣民俗村」。如今民俗村早已歇業，台北市民的保護古蹟意識業已抬頭，市政公部門也警覺到歷史建築的重要性，新北投車站返鄉的行動，目前已進入緊鑼密鼓之階段。

北投站延伸至新北投溫泉區的接駁支線

CK124 蒸汽火車頭

省運會

復興崗

SOUTH

因1954年第九屆台灣省運動會在北投復興崗舉行而設的臨時站

忠義

忠義

因行天宮北投分宮神明關公的忠義形象得名

1927年「台灣日日新報」讀者票選「台灣新八景」，淡水即名列其中。進入1930年代淡水教堂、淡水海關、淡水白樓、淡水中學校等皆是畫家寫生的熱點，也是激發人們思古之幽情的場景。加上同時期淡水神社、淡水高爾夫球場的建設，淡水線鐵路已不只是居民的「腳」，更是遊客最喜愛的一段山河交織的浪漫旅路。1935年重建的淡水驛，同時引進新穎的鋼筋水泥建材，設計成流線型平頂站房，壁貼褐色磁磚。

這種耐震的材料和垂直水平的工法，也是1935年中部大地震之後，許多新建車站的藍本，只是規模有大小之別而已。淡水站足以媲美同年代興建的二水車站，其他類似造型的車站還有造橋、銅鑼、橋頭等站，唯淡水與二水有石階拾級進站，其餘的都沒有。

淡水車站位於淡水河出海口，1930年代淡水河依舊帆影幢幢。如今淡水站捷運高架化，乘客在月台候車就可以眺望觀音山和淡水河，感受亙古山河近在眼前的滋味。

又有滬尾舊名，舊淡水線廢止後，改建為捷運站

舊淡水線之淡水車站　2016

關渡
啟用時名為江頭驛，戰後改名關渡
關渡

竹圍
早期居民以圍竹防風而名竹圍仔
竹圍

紅樹林

淡水
NORTH
淡水

電力事業鐵道——集集線

　咦！集集線鐵路怎麼會跟電力事業有關？其實集集線本來就是為開發日月潭水力發電而鋪設的鐵道。

　日月潭水力發電建設工程，必須要有一條鐵路來運送材料，所以在 1921 年底，二水至外車埕（車埕）的新線已經完工，翌年（1922）一月開放營業，鐵道管理單位是「台灣電力株式會社」。可是第一次世界大戰才結束不久，歐洲經濟不景氣，波及台電原本的預算，且在火車上路八個月之後，宣布日月潭水力發電工事暫緩，由電力會社重新調度資金。1923 年好不容易找到銀行低利貸款，卻偏逢同年關東大震災，調到的融資瞬間化為泡影，至 1926 年總督遂決議停止日月潭電力開發，1927 年為補助台灣電力會社的損失，斥資買下集集線鐵路，編入鐵道部旗下的縱貫鐵路支線，繼續營業。

　集集線從二水起站，經老聚落集集至車埕，全程僅 29.7 公里。可是 1930 年日月潭水利發電工程再度興工，1934 年竣工，此期間車埕至門牌潭工程地點，以索道為動力，運送材料。當年集集線的列車編成是前段為無蓋貨車；後段是客車車廂。

二水

WEST

二等站，集集線
起點

源泉

招呼站，舊名鼻
子頭

日月潭因水力發電資源而被開發

日月潭發電廠

1930 年代的車埕站

　　戰後集集線以輸送在地盛產的香蕉、稻米和木材為貨運主要業務，客運方面因公路發達及鄉鎮人口外流，到了 1980 年代鐵路局不堪集集線連年赤字，遂萌生廢線之念。

　　1990 年前後集集線陷入最落魄之谷底，1994 年林明溱當選集集鎮長，林鎮長珍惜集集線是南投唯一的一條鐵路，所以他企圖活化集集線為觀光鐵道，當初的願景，如今終於落實，從而打造出今天這條充滿鄉野風情的支線鐵道，沿線式微的小鎮和集集火車站也因而活絡了。

濁水

丙種簡易站

龍泉

招呼站，附近有著名綠色隧道景點

月光下的集集車站

重建集集車站

　　集集線唯一木造老驛舍集集，是 1927 年台電買收集集線之後才建造的。集集鐵道觀光化已引起國人關心，集集車站更是遊客眼中的人氣焦點，也是婚紗攝影最受歡迎的布景。正當鐵路局紛紛將沿線各站降為無人驛之同時，1996 年 8 月，林明溱鎮長主動爭取將集集車站交給鎮公所經營，由鎮公所派員進駐售票，所以直到 2005 年筆者仍能買到的卡式車票，下方即印有「集集鎮公所代售」字樣。

　　1999 年 9 月 21 日凌晨，「集集大地震」之天搖地動中，集集車站歪斜傾倒，爾後，大震災重建與復舊的計畫之一，就是要將集集車站恢復原貌。

　　最先推動集集車站重建的基金，是聯合報系、中視與中廣捐款 500 萬元給鐵路局，經台鐵核算重建經費是 1800 萬，此時出現了一位集集農家出身的企業家葉宏清，他慨允補填不足的額度，因為葉先生也是工程人，他認為自己有責任來監督重建品質，所以就這樣一磚一瓦，一片一根檜木，將站房結構完整修復。2001 年 1 月集集線率先搶修全通，一年之後，2002 年 2 月 7 日，集集車站也重新以昔日的風華再現了。

簡易站，備售卡式車票

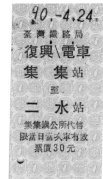

集集站售出的卡式車票

集集

　　拜集集線之賜，後來居上的大鎮水里，當 1991 年集集線班次減少，沿線各驛陸續降為無人招呼站時，僅有水里車站維持有站務員駐守售票服務。

　　大地震水里車站損害輕微，但也趁機更新，不過只是原有站體拉皮，屋頂另加上古典味的裝飾山牆。水里站地處高台，入站前有階梯，路旁植有六株椰子樹，做為入口意象。

　　水里原名水裡坑，站名經幾度更易，1967 年起定名為水里至今。

　　走出水里車站，還沒有下樓梯，往低矮屋群方向望去，兩條大水管趴在山上，大水管底下是水里發電廠，發電水源來至日月潭。

　　日月潭第一發電所竣工翌年（1935），日月潭第二發電所在水里開工，1937 年完成，戰後改名為鉅工發電廠。匍匐山上的兩隻大水管，是從十公里外的日月潭，開鑿隧道引水，到了水里山頭注入導水管，直瀉而下的衝力，推動了鉅工電廠的發電機。

　　大水管快八十歲了，早已成為水里最特殊的地標，它與水里車站遙遙相對。有日月潭水力發電，才有集集線鐵路，有了集集線鐵路，水里才躍為沿線最大城鎮。

水里發電廠的大水管

水里

車埕是最有終點站氣氛的集集線最後一站，下車站在月台上，看到前方峭壁直逼眼前；回程在月台上等車，前方迎面而來的是一座短短的隧道。

1922 年集集線開業即已設站的車埕，就是從這裡有索道輸運材料到日月潭，進行水力發電工事。日月潭發電所完工後，車埕仍然是集集線鐵路的終點。戰後，車埕發展為伐木事業的木材集散地，有二十多年間，從車埕深入山區有台車軌道，直到台灣全面禁止採伐政策實施後，車埕方才沉寂下來，殘存的台車道也任令荒蕪。

車埕站前的隧道

九二一集集大地震，沒有震垮「集集心」，反而促成集集線愈挫愈勇。地震之後老舊的車埕車站損毀，2001 年由日月潭風景管理處負責重建的車埕站，採木料建材，以台灣民家造型賦予現代設計感，旅客跨過站前廣場鋪設的地板，再步上月台。由於四周空曠、清幽，不遠處又有峭壁景觀，加上月台標示牌的唯一箭頭，只指向水里，沒有反向下一站的指標，也就是最後火車站的意象了，最終、最後總是令人不勝噓唏，勾起離愁喟嘆。

終點站車埕

簡易站，備售卡式車票

2006.7.16

車埕站新意象

車埕

台灣北部產業地圖中，可見石炭是平溪線的產業特色，終點站是菁桐

北台灣規模最大的煤礦——石底斜坑，正是位於平溪支線地底的煤層，之所以闢建平溪支線，實由於運煤的專線。它是從宜蘭線分出的鐵道支線，原先純為採煤輸運之需，逐漸演變為礦業聚落的交通工具，現在又展現出觀光鐵道的新魅力，業已蛻變成台灣鐵路局高營收效益的黃金線。

「台陽礦業公司」的前身「台陽礦業株式會社」是平溪支線的起造者。開發煤礦若沒有交通配套，煤產即無法有效地輸送出去。煤是工業革命後的主要能源，大至輪船、火車、發電、煉鋼；小至家庭煮飯、洗澡、取暖，都不可一日無此君，煤產量已成為國力的象徵。

宜蘭線上的四腳亭、武丹坑、侯硐諸煤田，已進行大量開採，這一塊區域的礦產資源，不僅只有黑金，甚至還有黃金！採金，正是「台陽礦業」創始人顏雲年踏入開礦事業之源起。

礦區鐵道平溪線

四腳亭第九坑坑口採煤運送情形

顏雲年（1875-1923）的先祖開墾瑞芳並世居於此，二十歲時逢時代遽變，日本領有台灣，顏雲年識時務之局，致力學習日語，以為經世致用。領台第一年即在日軍瑞芳守備隊擔任通譯，翌年轉任瑞芳警察署巡察補。這份工作不但方便顏雲年在地方上廣結人脈，也從而獲得日本來台投資家的信任。

日本人來瑞芳投資什麼？就是開採九份金礦。來台投資家之一的「藤田組」，創辦人藤田傳三郎（1841-1912）為日本關西財經界重鎮。1895年始插手礦業、鐵道、水庫等多角化經營事業。同一年正巧是日本擁有第一個殖民地台灣，第二年（1896）藤田組即刻獲得九份金礦的礦權，1900年正式開採九份金礦。

當初來台採金所需的工人、器材，都有賴顏雲年的協助調度。他一方面諳日語；二方面擅長排難解紛，所以深得藤田組的信賴。此期間，顏雲年也自設多家商號，1904年又與汐止豪商蘇源泉合組「雲泉會社」（取自顏「雲」年和蘇源「泉」兩字），開啟採金企業化的經營態勢。就在這一年，顏雲年於大阪會見藤田傳三郎，學到不少經營學的竅門。

顏雲年是藉「第五回內國勸業博覽會」在大阪舉行的機會，專程前往大阪，也刻意安排與總部設在大阪的藤田組大老闆會晤。

1912年藤田傳三郎去世，1914年藤田組手中的九份礦權，全部移轉予顏雲年。藤田組放棄九份金礦，卻全心投入煤礦的開採，依然與顏雲年合作，1918年合組「台北炭礦株式會社」。顏雲年既已包下九份金礦的採掘權，煤礦業務則由其得力助手，他的弟弟顏國年（1886-1937）主持。

同年（1918），顏國年又與日本三井財團合資成立「基隆炭礦株式會社」，致力開發菁桐坑煤田的石底斜坑等礦區。

1920年藤田組終於放棄在台所有的投資企業，並將股權全數轉讓給顏氏昆仲。顏雲年、顏國年統合旗下零星商號，成立「台陽礦業株式會社」，

顏國年

從此開啟台灣礦業王國的新局。

石底礦業的運煤線於 1919 年即進行專用線路的調查，原先欲取道深坑到汐止；偏逢深坑人士反對而作罷，轉而沿基隆河上游河岸鋪設軌道，在三貂嶺與宜蘭線交會，這就是今天大家所熟悉的平溪線，係台陽礦業株式會社獨資興建的運煤專線，完成於 1921 年。

1923 年顏雲年辭世，顏國年承先啟後，於戰前獨擁台灣礦業王國的龍頭地位。顯赫的顏家產業，已媲美板橋林家、霧峰林家、鹿港辜家及高雄陳家，號稱台灣五大家族。

然而到了 1928 年，中國山東省發生「濟南事件」，引發排日運動，連帶台煤也失去大陸市場。1929 年紐約股市大崩盤，造成世界經濟恐慌，煤價大跌，開採已不符成本，終至產量銳減。

煤產景氣大蕭條，台陽礦業會社進行企業瘦身，將鐵道轉賣予官方，1929 年七月由總督府交通局收歸官營，同年 12 月開放客運正式上路，將台陽礦業線更名為平溪支線，成為台鐵的第三條支線，分歧點三貂嶺，終點菁桐坑（菁桐），全長 12.9 公里。

平溪線鐵道與基隆河上游幾乎平行，沿線景觀有幾座隧道是鑿開山洞最原始的刀斧痕跡，此外也有大瀑布的車窗奇景，以及山谷間的自然風光。

平溪線鐵道建設迄今，肩負過三個不同階段的使命，最初的名稱是「台陽礦業線」，1929 年之後轉賣予台灣總督府，在官方的立場有必要為人口眾多的煤鄉聚落，打通連外的管道而正式開放客運，藉以活化基隆河上游沿岸居民的生活機能，是以沿線設置十分寮（十分）、嶺腳寮（嶺腳）、石底（平溪）、菁桐坑（菁桐）四站。

1935 年煉鐵業引進台灣，其他如金屬、水泥、化學等工廠日增，台灣有逐漸工業化的傾向。加上日本國內軍備需求與船舶海運之發達，大量燃料轉求台煤，台陽礦業出煤連年增產，平溪線鐵道發揮客貨運的實質效果，一直維持到 1970 年代石底大斜坑收坑，平溪線完成了歷史上第二階段的任務。

台灣煤礦走入斜陽，立刻衝擊到平溪線的營收，公路四通八達更直接威脅鐵道的生存，1980 年代日薄西山的平溪線，貨運掛零，客運空疏，台鐵有意收班廢線，卻遇上年輕世代興起懷舊風潮，追逐倖存的老街、鄉野風景踏青和探訪支線鐵道等文化尋根風氣日盛，平溪線搖身一變成為熱門的觀光鐵道，進入第三階段直到現在。

十分寮
（十分）

平溪線上有六座山洞，列車穿過最後一座隧道後，緩緩地通過十分寮街道中心。火車速度慢下來是因為單線鐵道兩旁，並排著民宅店鋪，村民與遊客都肆無忌憚地挨著鐵軌穿梭自如，此一殊異風景，幾十年來早已司空見慣，既沒有圍牆亦無護欄，可以說是非常原始的鐵道風景，鐵路與生活在此早已打成一片。

十分寮驛是 1929 年總督府收歸平溪線為官營之後，新設的線上第一大站。也就是平溪線鐵道順行，至此才出現廣寬的河階平地，不但聚落較多，火車也可以在此交會，是本線唯一設有兩個月台的車站。

1962 年「十分寮」改名「十分」車站，1965 年新平溪煤礦公司在十分附近山中開坑掘煤，藉此勞動市場所展開的商機，吸引外來人口移入，民宅不斷增加，此時期改建為水泥站房的十分車站。入口玄關與鐵路平行，是因為無站前腹地之故，所以進站通路幾乎與鐵道無區隔，旅客可以自由出入是本站一大特色。

丙種簡易站，平溪線最大站，備有小站巡禮紀念章

十分車站月台停靠的交會列車

三貂嶺

大華

十分寮
（十分）

WEST

三等站，僅停靠區間車，平溪線起點，備有小站巡禮紀念章

招呼站，僅停靠區間車

石底礦業菁桐坑停車場運煤情形

石底（平溪）

　　1929年平溪鐵道官有化，設石底驛，同年10月1日假石底公學校舉行通車典禮。石底就是現在的平溪，像平溪國小和平溪車站等都是從「石底」改名而來的。

　　礦業聚落的平溪，礦工的居住要求與農民依存土地的關係亦大不相同，台灣村莊的三合院與稻埕等，皆是幾代流傳下來的世居場域；而礦工是產業革命後的新就業人口，在台灣直至1920年代始大量出現從業的礦工族群。目前仍保留礦業聚落之代表性的城鎮，當非平溪莫屬。

　　1920年代平溪的發展，是因為就業職種大都與礦業有關，平溪雖然沒有礦場，卻自然形成周邊煤鄉的商業小城，當然，其得天獨厚的自然條件，是位處基隆河河階平台上的地理優勢，造就了平溪繁榮的基礎。所以才在那麼早的年代，即有石底公學校、庄役場、郵便局、衛生所等公營機構成立於此。

　　鐵路通過平溪的山腰，是以軌道高於街上的屋脊，因此火車站與街道有個段差，這都是平溪精華區受限於地形發展出來的山城特徵。本來平溪的命脈來自基隆河，相傳基隆河一度在此區間呈乾涸狀態，岩石露底，才有「石底」之名的由來。又謂湍急的基隆河上游流到這裡始趨平緩，所以稱之「平溪」。但是平溪的大動脈，一旦被鐵道取代，必然也決定了平溪特殊街景的面貌。

　　平溪老街係沿基隆河山坡地帶形成連棟屋群，由於站前沒有腹地，所以車站入口與鐵路平行。在這個山城小鎮的民家與鐵道之關係，原本是唇齒相依，但在公路已相當發達的今天，鐵道觀光化的性質，猶勝於實質上的交通功能性了。

簡易站，備有小站巡禮紀念章，近年放天燈為著名旅遊亮點

望古
招呼站，僅停靠區間車

嶺腳寮（嶺腳）
招呼站，僅停靠區間車

石底（平溪）

菁桐坑（菁桐）

菁桐坑是台陽礦業株式會社的重點礦區，當初台陽就是為了開採菁桐坑的煤田，投下鉅資闢建平溪運煤鐵道專線，也就是平溪鐵道的前身。

菁桐坑是台陽礦業大本營，但是該區腹地不大，僅能在起伏的山岡之間，散置著職員宿舍或會社招待所等建築物，無法發展成像平溪的密集屋群和商業中心。

1931 年落成的菁桐坑木造驛舍，踰八十五年歲月星霜，如今猶在服役中，菁桐車站是新竹以北唯一留存的現役中木造站房，理應視為台灣鐵道建築的珍貴遺產。

簡易站，木造車站為市定古蹟，備有小站巡禮紀念章

菁桐坑車站

菁桐坑（菁桐）

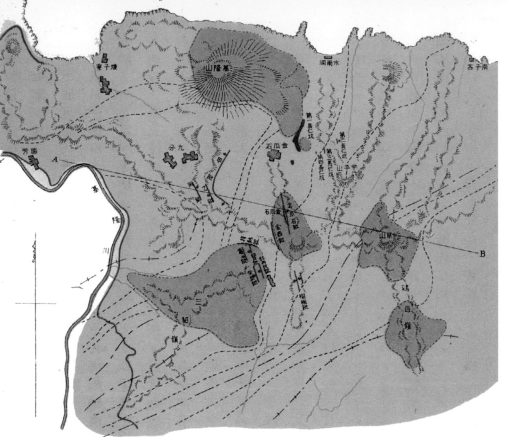

復活的深澳線

金瓜石礦區地質圖，標示出附近主要煤礦產區

　　1960 年基隆深澳火力發電廠正式開始運作，至 2009 年深澳火力發電廠停機，火力發電的能源主要是燃煤，是以因應運送煤炭之需，台鐵從瑞芳新開闢了一條 1067 mm軌距的單線鐵道，從瑞芳直通深澳火力發電廠。

　　其實，「台鐵深澳線」不僅通到深澳，本來還是一直駛向水湳洞的鐵路線，只是 1979 年濱海公路興建之後，某些鐵路歸併濱海公路，所以也逐段撤線，直至 1989 年深澳線鐵路客運全面停駛。

　　深澳線收班之後，僅留下瑞芳到深澳火力發電廠的一段，專事運煤，不再開放客運。此際，瑞芳附近的煤礦已因瑞芳、三峽等地連續礦災，遭致全面封坑，所有煤炭皆仰賴進口，由台中港轉運過來的輸入煤，堆棧在台中龍井附近，再由貨車沿縱貫鐵路海線北上，運抵瑞芳，然後由預留的最後一段深澳線，直接運至深澳火力發電廠，以供發電之用。

　　台鐵深澳線就是從瑞芳至深澳火力發電廠，再繼續延伸到水湳洞的，但必須進行軌距拓寬工程，直到 1967 年 10 月 31 日，始全線改軌完工通車。

從此由瑞芳至水湳洞這一段鐵路才是真正的「台鐵深澳線」。

為何說是「拓寬工程」，其實從深澳到水湳洞原來就已經有窄軌鐵道了。沒錯，這一條和現在的北部濱海公路有部分重疊的鐵道，正式名稱叫「台灣金屬礦業公司鐵路」，是台灣金屬礦業公司專屬的軌距672㎜之鐵路線，它的產權和營運並不屬於台鐵。

這一段礦業鐵路在歸屬台鐵深澳線之前，起點是在基隆的八尺門；終點仍為水湳洞。「台灣金屬礦業公司鐵路」也提供客運服務，筆者在全線拓寬工程進行之前的同年（1967）1月2日，曾經搭過水湳洞至八斗子的全程線路，也留下了當年的卡式硬票可作見證。記得一路上窄軌蒸汽火車迎著寒冷的海風，小小的車廂、長條木椅，面對面的乘客，如果蹺腳就難免相碰。小火車載客是為了方便金瓜石居民到基隆才開放客運，而金瓜石山上的居民要搭火車，還得先乘升降流籠，下到水湳洞車站，才能搭上火車。不過，台灣金屬礦業公司鐵路時期的水湳洞站，稱作「水南洞」。

台灣金屬礦業公司的前身，即日本時代的「日本礦業株式會社」。由於金瓜石礦山產銅，金瓜石採銅、煉銅的盛況，直至戰後仍維持過一段很長的時間。最初，金瓜石尚未建煉銅廠，為了運送礦砂到基隆，再轉海運去日本提煉，日本礦業株式會社特別開闢了專屬的「會社線」，也就是這一條1936年完工，全長12公里的「金瓜石線」。戰後台灣金屬礦業公司接受產權，繼續經營「金瓜石線」的客運服務，將起站站名寫成「水南洞」，中途停靠煉仔寮、深澳、八斗子。「金瓜石線」貨運終點則在八尺門的礦砂碼頭。

由於礦山在金瓜石山上，而鐵路卻在海邊的水湳洞，所以要靠電動滑輪索道上下，這是貨運升降機，沒有座椅，人只能站在平台上，挨著山坡上下兩線對開，慢慢上去或下來。金瓜石居民搭乘升降機一律免費，筆者當時也是從金瓜石站上貨運升降機，夾雜在人群中，下到水湳洞搭火車的。

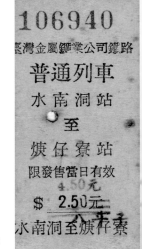

卡式車票顯示原稱「水南洞」

瑞芳

館海
站科

「金瓜石線」在八尺門礦砂碼頭的終點，即今和平橋頭的岸邊，歸台鐵深澳線營運後的起點，則已改為瑞芳，沿途停靠八斗子、深澳、瑞濱、海濱到終點「水南洞」。但是隨著濱海公路開通，鐵道也不再被需要，最後，至1989年僅留下瑞芳到深澳火力發電廠的運煤專線尚在運行。結果，2007年起深澳火力發電廠關閉之後，終於全線停駛了。

深澳線隧道

荒煙蔓草的鐵道逐漸生鏽，但線路並沒有被撤廢，如今又浴火重生。在基隆望海巷旁的海洋科技博物館園區，也是濱海公路風景絕佳的地段，現在是深澳線終點，稱海科館站，並且在瑞芳連結平溪線，彼此互通，乘客可以一路飽覽山海之景，享受一段知性、歷史與自然風景結合的鐵道旅路。

海科館站無站房，從月台可以看到隧道，原來的深澳線就是穿過這座山洞去深澳發電廠的。

山海美景盡在深澳線

瑞芳
深澳線起點，可轉往宜蘭或平溪線

海科館站——
區間車行駛，目前深澳線乘客可至本站

八斗子
原八斗子號誌站，為深澳線列車折返點，計畫復駛本站

深澳
廢駛前為三等站，改建中。以下至水湳洞站廢止

N
NORTH

內灣線拉出六家線

從新竹車站岔出的內灣支線，這幾年有了很大的變化，為了接駁台灣高鐵新竹站，從內灣線特別拉出直通六家的電氣化高架線路，作為通勤線單獨行走，途中增加了北新竹、千甲、新莊等站，於 2011 年 11 月通車，是台鐵最年輕的新支線。若要開往內灣的列車，則在竹中站就得分道揚鑣，徐徐下到路面行駛，循本來的鐵道前往內灣方向。

上圖 | 新竹驛
下圖 | 新竹州管內圖內各庄相對位置

新竹	北新竹	千甲	新莊
WEST			
內灣線起點，六家線與縱貫線在此站交會	簡易站，停靠區間車	做為接駁台灣高鐵新竹站而設置	簡易站，曾並列竹科新莊站名，最後正式以新莊站名命名

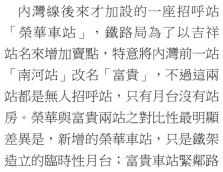

富貴車站

榮華
——
招呼站，與富貴站合成「榮華富貴」四字

內灣線後來才加設的一座招呼站「榮華車站」，鐵路局為了以吉祥站名來增加賣點，特意將內灣前一站「南河站」改名「富貴」，不過這兩站都是無人招呼站，只有月台沒有站房。榮華與富貴兩站之對比性最明顯差異是，新增的榮華車站，只是鐵架造立的臨時性月台；富貴車站緊鄰路邊平交道，這樣簡陋的車站反而是現代極罕見的鐵道原始風景了。

1995.6.11 竹東

竹東驛

竹東
——
二等站，內灣線第一大站

曾經是內灣線鐵路乘降率最高的竹東火車站，雖然是戰後建築，但建造工法仍保持戰前的傳統技術，瓦頂、磚造、木窗與水泥柱，但雙簷左右不對稱，卻突顯了玄關門的厚實，並為左翼騰出空間感。

1947 年內灣支線先行通車到竹東，但是內灣線的經濟價效益，必要再推進到合興才有得發揮，沿線石灰蘊藏量豐富，是水泥工廠的重要原料。延伸到內灣以後，又有了木材資源，所以建設內灣線的主要目的是辦理貨運，客運還在其次。近年來因內灣沿線的鄉野景色和純樸的客家風情已反客為主，成了休閒旅遊的好去處，尤其是終點站內灣，小小的村落經常被四處湧進來的遊客、車輛擠爆了，只見商店街萬頭竄動，卻不見青山綠水。

竹中

六家

高鐵新竹站

上員

榮華
竹東

橫山

甲種簡易站，備有小站巡禮紀念章，轉乘六家、高鐵

招呼站

招呼站，新建月台一座

九讚頭

內灣線是戰後興建的一條支線，1951 年才全線通抵內灣。內灣線的大主顧，向來是水泥與木材的貨運業務，例如九讚頭車站與亞洲水泥廠之間，至今仍留置數股接駁軌道，但是今天九讚頭已降為無人驛，候車室關閉，多餘的軌道均埋在草叢中，原因是公路取代鐵路，卡車取代火車，鐵道貨運量已降至零成長。

最有鐵道文物保存價值的合興火車站「折返式月台」，也僅僅遺留一排轉轍器和部分鐵軌，只能依稀想像昔日會車光景。折返式月台原是為了陡坡路段而設計的待避線，本來在合興站列車交會時，因為有坡度，列車尤其是貨車不能久留，需要駛上水平地面鐵道等候。另外，合興車站的驛舍也轉型為觀光化的「愛情車站」，目前已沒有車站的功能。

乙種簡易站，留存轉轍器鐵道文物

昔日合興車站

WEST

九讚頭

合興

招呼站，為木造車站

富貴

招呼站，原名「南河」，因吉祥語車票而改名

內灣

乙種簡易站，有一座通車紀念碑。可見內灣街區以漫畫家劉欽興的漫畫角色營造社區特色

SOUTH

　　沙崙支線早六家支線十個月通車，也算是台鐵近幾年才建設的一條短短的支線。自高架的沙崙站發車，停靠長榮大學站之後，即在中洲站與西部幹線在地面匯合，其主要目的是接駁高鐵台南站，在高鐵台南站與台鐵台南站之間單獨行駛，全線電氣化，於 2011 年 1 月通車營運。

　　看起來普普通通的沙崙線，因會通過保安車站，所以才有話題。保安是大家所熟悉的只買「永保安康」車票，卻不打算搭車的一站。「永保安康」是鐵道迷想出來的點子，二十幾年前，台灣才開始有迷鐵道的風氣，有一群年輕人熱衷於台灣鐵道的歷史，調查全台灣火車站的現況，發現遠在偏鄉，古老的木造驛保安車站，保存得非常完好，鐵道迷的熱心關切，鐵路局也從善如流，悉心維護保安車站，並大量發售永康到保安的硬式車票「永保安康」，買到車票作為祝福與饋贈的貼心小禮物。如今保安車站已列為古蹟，並躍為極熱門的觀光景點。

接駁高鐵的沙崙線

1928 年台南市地圖，內有縱貫鐵道與私有鐵道的分布

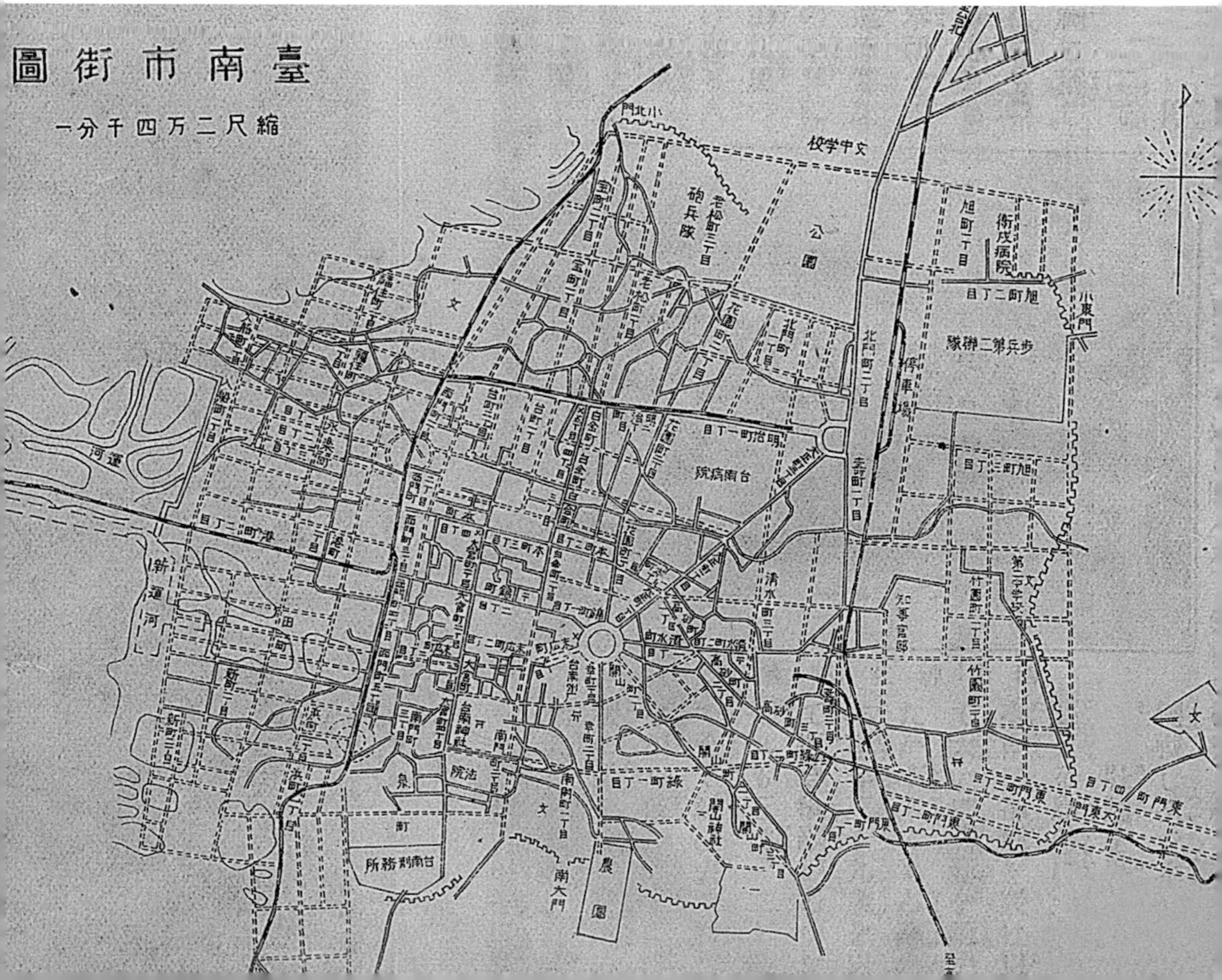

南台南站

　　台南車站與保安站僅一站之隔，兩站之間曾經有一個「南台南站」，乘坐沙崙線時就會看到這座早已廢置的殘破車站，目前「南台南站」已被一棵大榕樹茂密的枝葉遮去大半。

　　「南台南站」是戰前日本軍用機場的供給線，1944 年遭致轟炸，戰後 1951 年重建，採用磚造水泥建材和瓦頂的傳統工法，留置至今仍有老車站的韻味。一度做為貨運站的「南台南站」，直到 1991 年始正式廢站。近年曾經有業者進駐經營小酒館賣咖啡輕食，不過老屋活化的理想也不如預期，筆者 2016 年初再度造訪時，又再度荒廢了。

已廢站，空間曾短暫經營餐飲，二〇一五年停止營業後閒置中

南台南站

N

NORTH

台南　　　　南台南站　　　　保安　　　　仁德

一等站，國定古蹟

簡易站，屬通勤車站

90.5.20
臺灣鐵路局
普通‧快車通用
永　康站
至
保　安站
限發售當日有效
票價15元

永保安康車票

保安車站原名「車路墘驛」，係 1911 年台灣製糖株式會社成立車路墘製糖所（今仁德糖廠），為配合糖鐵轉運才移建來此的木造驛，如今已經是逾百年的建築了。

保安

保安車站

三等站，為一木造車站，與永康車站合成「永保安康」吉祥語

中洲

二等站，備有小
站巡禮紀念章

長榮
大學

簡易站，靠近長
榮大學

沙崙

乙種簡易站，與
高鐵台南站共構

chapter 04

消失的軌跡

LDT103 台東線 四動輪
2013. 2. 5

開發資源的產業鐵道

開發資源
的
產業鐵道

動力能源——礦業鐵道

　　台灣煤礦開採都集中在宜蘭線、平溪線鐵路沿線地帶，如猴硐、菁桐的礦鐵大家比較熟悉，不過在台灣鐵道版圖上還有一處可神遊的祕境，就是七堵友蚋煤礦。

　　基隆煤礦公司經營的友蚋煤礦鐵道

與友蚋炭礦鋪設的手推台車軌道，從1930年代到1970年代，這兩條線路正活絡運轉的時期，卻很少被人知道，倒是到了1960年代和1970年代，正當日本全國各地的蒸汽火車逐年淘汰中，反而引起日本鐵道迷趕來台灣，拍攝尚在服役中的蒸汽火車，以及糖

《1966基隆炭礦鐵道》攝影集書封

鐵小火車運行的姿影，但是偏逢台灣戒嚴時代，凡是鐵道或火車站一概禁止攝影、繪圖。

那時候，友蚋的煤礦仍在開採中，友蚋居民及炭礦運輸的出入門戶，皆在跨過基隆河的五堵車站，由於蒸氣機關車不能開過五堵吊橋，所以僅有人力手推台車可以過吊橋，煤炭則必須藉纜車送到五堵車站。五堵車站一向是旅客乘降率稀少的小站，有關台車的事蹟，和五堵站隔著基隆河的友蚋蒸汽小火車，也極少人注意，戒嚴期間更乏人報導。

換言之，友蚋產煤，友蚋有小火車，在當時並沒引起重視。甚至還可以說，是台灣戒嚴時代被遺忘的區塊呢。如此就更樂得日本鐵道迷，如入無人之境，盡情拍照也不用擔心有軍警前來盤查。2012年日本南輕出版局印製了一本《1966基隆炭礦鐵道》攝影集，滿載當年友蚋鐵道的影像，友蚋煤礦鐵道最大的特色，就是使用迷你版的蒸汽火車母，同時又有人力手推台車運煤兼作載客。

1930年代台灣產業地圖鳥瞰

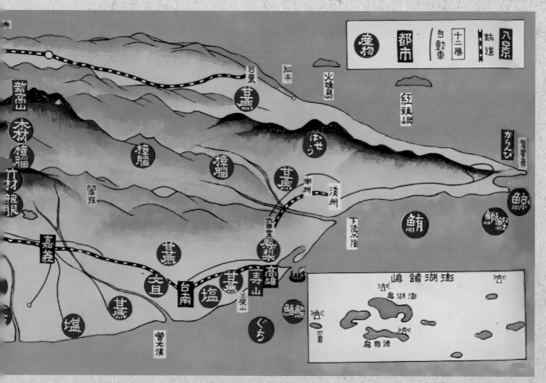

友蚋的煤礦開採，最早於 1930 年代初開挖鹿寮一坑與鹿寮二坑，蒸汽火車的鐵路沿友蚋溪（鹿寮溪）順流方向的東岸，一路蜿蜒至 1960 年代始興建的麥帥公路陸橋下方的坑車總站，從這裡再用索道吊車裝運煤炭，跨過基隆河至五堵車站卸貨。

人力手推台車走友蚋溪順流的西岸，屬另一家礦業會社所經營的「友蚋炭礦人車軌道」，所謂「人車」即人力手推台車。戰後由台灣紙業公司接收經營權，1960 年代售予東山煤業公司，仍稱「友蚋人力台車」。當時五堵吊橋就是專為人力台車過基隆河而架設的。

壯觀的沙岩單面山

1930 年代就已經開坑的友蚋礦場，至 1940 年日本軍國主義抬頭，進行國家總動員的備戰局勢下，煤是國力資源，於是純台資的益興炭礦被迫增加日本人股份，改名「南海興業株式會社」。所以第二次世界大戰結束後，被當做日方資產處理，由官方的台灣工礦公司接收產權，1955 年始開放民營，1960 年售予基隆煤礦公司。

手推煤炭台車的坑口遺址

1930 年代後期從日本直接進口的蒸汽火車，有多輛是楠木製作所的產品，這是在大阪一家專製產業用小型車的工廠，友蚋的車種概為二動輪，軌距僅 610 ㎜的迷你型機關車。台鐵的正規軌距是 1067 ㎜，台糖「五分仔車」的軌距為 762 ㎜，友蚋鐵道則是比台糖軌距還小的超小型小火車，當地人皆暱稱為「三分仔車」。

上圖 | 殘存的高架橋柱
下圖 | 殘存的橋腳

另外，還有一條鐵路是五堵車站過基隆河之後，向左轉可以到北寮一坑和烘內坑，是戰後才開採的煤礦，1960 年由基隆煤礦公司收購為旗下礦場。所以 1960 年代，以上左右兩線各有基隆煤礦公司的小型蒸汽火車，與友蚋人力台車交互形成友蚋地區密布的鐵道網。

1966 年 10 月，左線的烘內坑首先廢線，1977 年右線友蚋溪兩岸的鐵道也全部停駛，友蚋地區的鐵道盛

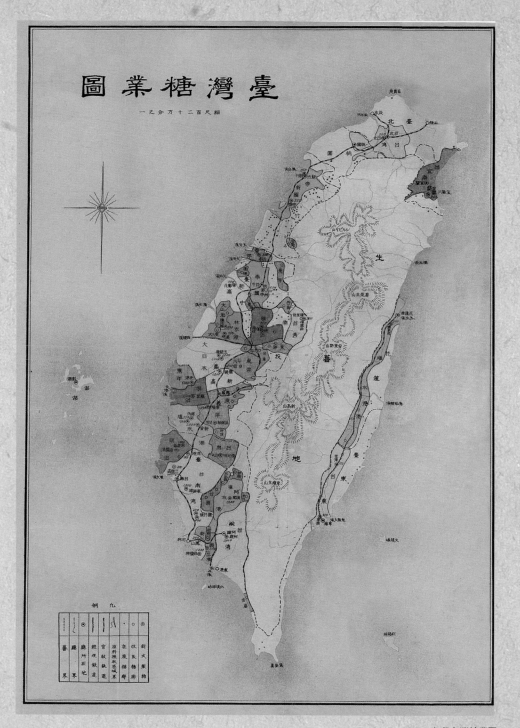

1919 年代台灣糖業圖

況終於落幕，曲終人散之後，友蚋復歸寧靜小鎮。

今天，基隆公共汽車七堵分站，有定時公車開往友蚋，友蚋一帶現在已規劃為「友蚋生態園區」，其實它更像煤礦鐵道生態區，所以儘管友蚋鐵道劃下休止符已數十年，但仍然保有廢線殘留下來的鐵道遺跡。

公車在友諒橋下車，這座橋就是以前蒸汽小火車、人力手推台車等多股軌道匯合的地點。從友諒橋徒步上行的下一站途中，會遇上北二高大跨橋的橋柱之間，有三座高聳的沙岩單面山，以前基隆煤礦公司的蒸汽火車，也噴雲吐霧地通過山腰，構成一副壯觀畫面。

再繼續上行走向興化橋，橋旁有一座僅容一人通行的狹窄水泥橋，同樣橫跨在友蚋溪上，在它對面隱藏在民房之間的小巷子裡，還可以找到當年手推台車通過的小山洞，是一坑口手推煤炭台車的通路。

為了礦工家庭的子女就學，1930年代在興化橋附近成立友蚋公學校，直到很久之後才改名為基隆市復興國小，校舍建在山腰上。

過了復興國小之後，再徒步續行往友新橋；但得要過橋沿友蚋溪溯行，直至看到跨在溪流上已成為廢墟的高架橋墩，這裡已經快接近鹿寮二坑了。1986年的一場颱風，摧毀此段線路，不得已封閉鹿寮二坑，然而四座高架橋柱，一直橫亙在溪流中至今，

目前已成為友蚋煤礦鐵道最具代表性的產業遺跡。而人們行走的道路，正是從前人力手推台車經過的地方，橋上有蒸汽火車；橋下是手推台車，兩路在此立體交叉的奇景，仍然可以從現場想像得出來。目前，立在路邊的石砌橋墩，猶保留在原址不動，和殘存於友蚋溪中高高的橋腳，是友蚋鐵道風華年代永遠的見證者。

糖鄉 ‧ 糖香——糖業鐵道

台灣近代化中因產業開發而崛起的新城鎮，比如有煤鄉之稱的平溪，或因糖業發展而興的糖鄉虎尾，還有伐木事業集散地的羅東等等，都是因產業而成為近代化城鎮的典型例子。

停靠糖廠的列車

最初縱貫鐵路南北分段施工，南部段以高雄為起點，1899年動工，1900年築到台南，率先通車營運。台灣第一家新式製糖的落點選中高雄橋頭，1902年創立高雄橋頭工場，1907年第一條行駛蒸汽火車的糖業鐵道，也從這裡升火出發。

糖業鐵路之發達，也都分布在縱貫鐵路沿線，以便取得接駁的有利條件。後來居上的雲林虎尾製糖工場，

很快地躍為當時東亞最大規模的製糖工場，糖業鐵道開放客運，亦以虎尾為嚆矢。

糖鐵最大的特徵就是軌道很窄（762 ㎜），客車的車廂如夏目漱石小說《少爺》中形容的「像火柴盒般的火車」。糖鐵早期都是蒸汽小火車在跑，後來才改燃油的機關車頭。

有了縱貫鐵路之後，總督府才有說服力引進日商來台投資，在全台各地成立製糖會社，總督府的財政亦由於糖業政策而締造財政佳績，方得以收支平衡。

當時每個會社都有自己所轄的蔗田區，於工廠與庶園之間鐵路縱橫交錯，戰後台糖公司接收所有日本人留下來的製糖會社所屬鐵路線，由本來分屬各會社區間的鐵道，經重新編整，糖鐵更是四通八達，曾是 1950、60 年代，中南部學生通學最便捷的交通工具。

曾經風光一時的台灣糖業，經不起成本提高及國際糖價下跌等因素，紛紛關廠轉型，糖廠不再製糖之後，各別發展出花卉栽培、畜牧事業、觀光休閒或研發生技產品等。於是全盛期長達三千公里的糖業鐵路，逐年縮減，客運業務也分段停駛，最後打烊的糖鐵客運線，是北港到嘉義的小火車，1982 年 8 月 17 日收班，如今糖鐵線路已全面滅跡。

戰前日本進口的糖鐵蒸汽小火車已經老舊，1948 年台糖大量購買一批比利時進口車，編入戰後糖鐵的主要機種，但也是糖鐵末代蒸汽車，大都在 1970 年代同時退休。

現存橋頭糖廠的 353 號機即其一例，若依編號還可以找到糖鐵連號的四兄弟，老大 350 原在岸內糖廠，糖鐵 351 現存彰化永靖高工校園，糖鐵 352 靜態保存於屏東南州糖廠，小弟糖鐵 353 則落籍在橋頭糖廠，四兄弟全數都是 1948 年進口的比利時製造之車型。

台糖蒸汽小火車至 1952 年總數多達 370 輛，1970 年代以後蒸汽火車逐漸淘汰，取而代之的是汽、柴油車。蒸汽小火車停役後，立刻面臨解體成廢鐵的命運，當然在產業文化財保存觀念尚未萌生的年代，是相關單位對待產業遺產的粗暴行為，因此今天還可以找到四輛倖存的連號糖鐵蒸汽機關車，已經算是極難得了。

糖業鐵路的遺珍已愈來愈少，糖鄉大鎮虎尾糖廠有一座鋼樑鐵道橋，跨在虎尾溪上，是虎尾糖廠線專用的虎尾鐵橋。鐵橋兩側鋪設木造便道，可以騎上腳踏車。這座橋是英國人設計的，1960 年經過改修，最大特色是高低不等的鋼樑，原本的一整排橋墩皆鏤空，出現連續拱圈之美，這座鐵橋宛如台灣所有產業鐵道中，最有型的跨河彩虹。

橋頭糖廠於 2006 年掛牌「台灣糖業博物館」，重新開張。建廠當初的木、磚、石灰混合建材的小洋房、拱門迴廊，是 1901 年的建築作品，可以說是相當珍貴的古蹟。

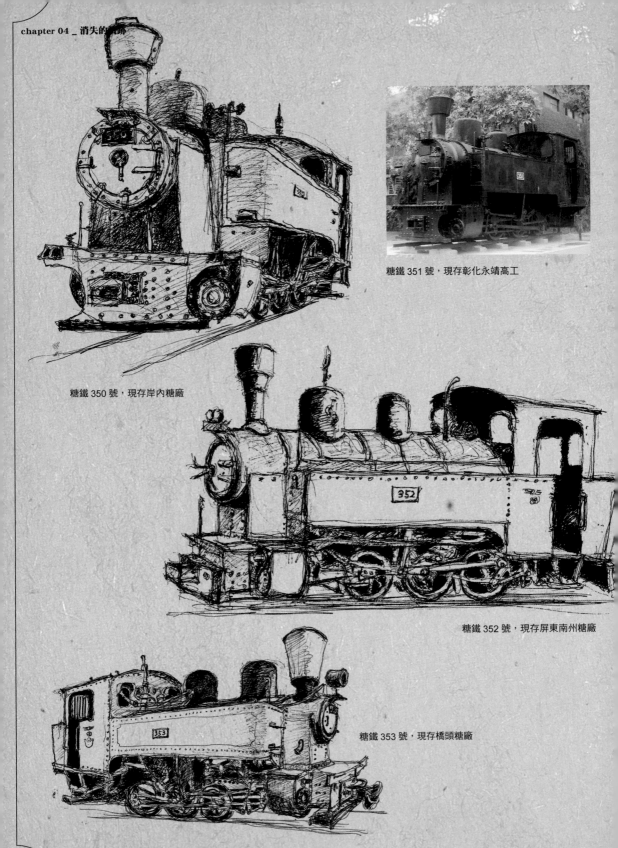

糖鐵 351 號，現存彰化永靖高工

糖鐵 350 號，現存岸內糖廠

糖鐵 352 號，現存屏東南州糖廠

糖鐵 353 號，現存橋頭糖廠

糖業博物館的庭院內，有一尊 1902 年即安置的「觀音像」，係仿自奈良藥師寺東院堂的國寶「聖觀音立像」原模，仿作為銅鑄，處理成黑身，立於蓮座上，一百多年來守護著廠區員工及生產線的平安。

花蓮光復糖廠停產後，變身為「花蓮觀光糖廠」，廠區內多棟簡單素樸的日式木造宿舍，經過修繕轉型成「日式木屋旅館」，開放營業，讓旅客體驗日本住宅的生活方式。並與緊鄰新開發的「大富平地森林園區」，同處一片綠意盎然的廣闊山林，提供遊客在此享受花東最純淨的綠色旅遊。

靜態保存在花蓮觀光糖廠裡的糖鐵 366，也是 1948 年比利時進口車，1972 年退休。車身上鑲有「北」字字樣，應是原屬北港糖廠，想想這輛從西部輾轉到東部的糖鐵 366小火車，可是跋涉千公里路的長征喔！

虎尾鐵橋

橋頭糖廠「台灣糖業博物館」

糖業博物館的庭院內的「觀音像」

糖鐵 366 號

366

花蓮糖廠

TUBIZE 2399

1999.4.28

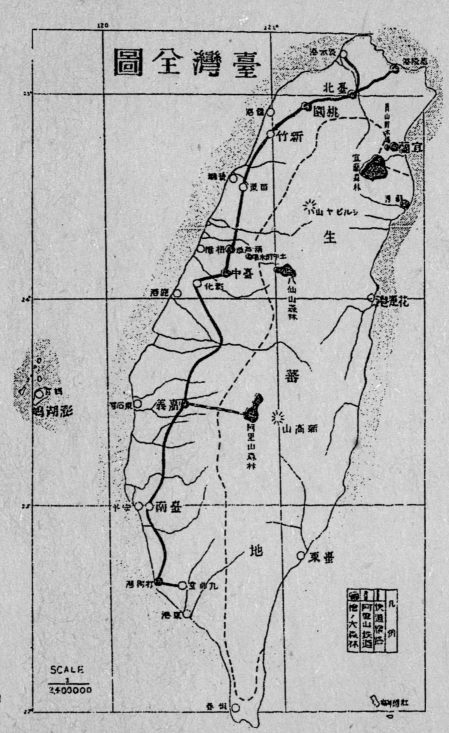

1916 年台灣
林場位置圖

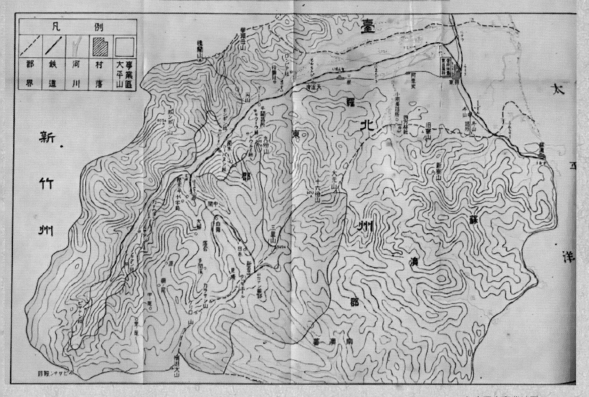

1939 年太平山事業地圖

伐木軌跡——林業鐵道

　　知名的阿里山鐵道已經轉型成觀光的森林鐵路，但早年伐木專用軌道兼載客的林業鐵路「林鐵羅東線」，是今天大家比較陌生的吧！

　　「林鐵羅東線」是從太平山採伐的原木集中土場後，再由鐵路載運到羅東儲放，土場、羅東間辦理客運，目前已經完全廢線了，僅少數遺跡留置現場，所以現今的林鐵羅東線，僅能循廢線路跡，按圖索驥尋訪，從沿途發現的蛛絲馬跡追蹤下去，竟也能拼出這一段消失的鐵路之歷史典故。

　　土場位於宜蘭濁水溪（今蘭陽溪）上游，蘭陽溪的發源地就在太平山。太平山林場西接新竹，南聯台中，以及蘭陽溪上游山地，凡海拔兩千公尺以上的高山，遍布著原生林，檜木、扁柏之蘊藏量甚至超過阿里山，成為台灣最大面積的林場。

　　太平山原始森林的勘查，始於「五年理蕃計畫」結束的 1914 年，因為山

區治安無虞慮，森林調查就沒問題。翌年（1915）起即刻進行採伐作業，可是宜蘭線南部段宜蘭至蘇澳，到1919年才通車，林鐵運材專用線更遲至1924年始全線竣工。此期間既缺乏鐵道運輸設施，那麼太平山伐木又是如何搬運下山來的呢？

首先，採伐現場有木馬道和土滑道，全部集中堆置於土場。其次，從土場利用蘭陽溪水運，以「流放」的原始方式，順流至員山儲木，當時林業管理單位亦設在員山。

宜蘭產業的開發，隨著鐵道建設的推進點，1920年代起陸續引進製糖、造紙、伐木、製材等大工廠，於是電力的需求刻不容緩。1921年台灣電氣興業株式會社建設天送埤水力發電所，截流蘭陽溪入進水口，再開鑿隧道渠，導引至天送埤山腹，以落差四十公尺的四根導管沖下發電，1922年第一期工程完工。

天送埤發電所攔截了蘭陽溪，進行水力發電的工事，預料必將阻斷太平山原木「流放」運材的暢通。加之，一直以來木材流放的危險性和原木互撞容易折損品質，因而趁機改為鐵道運材。土場到天送埤的這一段鐵路，是由台灣電氣興業株式會社出資協辦，提前從1918年起建，1921年發電所正式引水發電時已經完工。

至於天送埤以下的鐵道，則剛好有工廠設在二結的台南製糖株式會社，早在1920年之前就建設一條沿途採蔗的原料線，正好從天送埤至歪仔歪，1922年起租予太平山林場使用，這麼一來鐵道一路下山就沒問題了。

此際林業總管理處的「營林所」，正在考慮永久營林所是要選在宜蘭或是羅東？1920年全台地方行政區重編，羅東庄升格為羅東街，首任街長

左圖｜從土場運下山的木材列車｜右圖｜土場驛附近交會的山地軌道與森林鐵道

歷來政權皆覬覦豐沛的台灣山林森資源，林鐵則加快了林木採伐的速度

陳純精極力爭取營林所設在羅東的竹林，並說服竹林地方人士捐地，規劃為儲木場，同時自掏腰包，加上募款所得，延伸歪仔歪鐵路來到竹林。

1924年竹林、土場全線通車，全長36.4公里，二年後開放客運，活化了沿線聚落的生活機能，大抵上林鐵沿線的居民均以羅東為一日生活圈。一旦林業基地的落點在羅東，終會出現與林業相關業務的商業活動，羅東一躍而為蘭陽平原的工商業重鎮。

羅東林鐵小火車

追蹤林鐵產業遺產

　　林鐵羅東線係指從羅東的竹林至終點土場的這一段平地線，行駛的火車是 672 ㎜的窄軌車輛，蒸氣機關車的體型也跟著袖珍，比宜蘭線的蒸氣機關車來得嬌小，甚至客運車廂容積也縮小，所以被暱稱為「小火車」。

　　台灣最早的林業鐵道是家喻戶曉的「阿里山林鐵」，阿里山林鐵在 1914 年全通，火車可以直接開進林場載運原木，一路下山。十年後（1924），林鐵羅東線的火車，則不需直達伐木現場，乃運用開發已臻成熟的索道技術，伐木作業大都採用索道纜線鉤住綁好的原木，進行移動手段集中到土場，才分批搬上火車運到山下。

　　土場進太平山林場，現在已轉型為「太平山森林遊樂區」，森林入口廣場靜態保存羅東林鐵 1 號車，而羅東林鐵 2 號車目前置於羅東公

鐵道運輸加速了台灣原始森林的開發

園公開展示，1923 年出廠，砂箱上嵌記有「日本車輛株式會社」的商標。這一部 2 號車非常活躍，直到 1979 年林鐵羅東線全面收班之前，幾乎是線上客貨混合列車的主力。

　　2009 年，原竹林儲木場經過五年規劃整建，重新開放的「羅東林業文化園區」之步道上，放置的一部羅東林鐵 8 號車，園區步道上另一部蒸

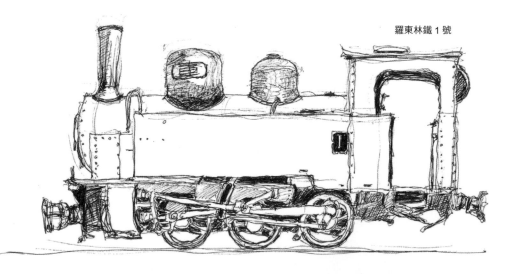

羅東林鐵 1 號

羅東林鐵 2 號

羅東林業文化園區展示的蒸氣老火車頭

氣機關車，羅東林鐵 15 號車，是 1950 年代末台灣機械股份有限公司製造的第一批羅東林鐵蒸汽車輛之一。台灣機械公司係接收日本時代「台灣鐵工所」之設備和技術的官營工業機構。基本上，國產車求功能性重於設計感，精緻度比起日本車略遜一籌，僅屬「素顏」之姿。同園區內另有三部蒸氣機關車頭，靜態保存在搭棚下，免得長期受到日曬雨淋而變成廢鐵。

竹林

太平山林場運材列車終點，羅東林業文化園區設立後併入

採伐太平山林場，載運木材下山的林鐵羅東線，1924 年全通，駛抵竹林為終點，竹林遂成為木材集散地。1926 年林鐵羅東線開放客運，1970 年再從竹林延長到羅東。1971 年林業管理處斥資購置柴油動力客車，以對號快的輪運標準，加強旅客服務。

未料，1978 年 9 月 21 日黛拉颱風侵襲宜蘭，摧毀土場、天送埤之間多座溪

整建後的竹林站

谷木橋，洪水也灌進隧道，以致於客運路段縮短，僅餘羅東至天送埤之間通行。不過，權宜之計的半通車狀態，維持不到一年，1979 年 8 月林鐵羅東線便宣告停駛、廢棄，全線軌道也遭拆除。

竹林是太平山伐木事業運材列車的終點；但若以客運列車的立場，羅東也是林鐵羅東線之起點。然而林業榮景已去，台灣森林全面禁採，隨著蘭陽溪沿岸公路的開發，林鐵羅東線現場任令自生自滅，歷經數十年歲月物換星移，如今鐵道線跡已完全模糊不清了。

2004 年起，竹林儲木場規劃「羅東林業文化園區」，進行整建之際，地方政府配合園區的願景，同時重修少數幾座早已廢置的車站。現在就嚮導讀者從竹林出發，溯蘭陽溪而行，沿途探訪廢線跡的遺址，共同來勾起這一條廢棄鐵道曾經有過的記憶。

竹林車站於 1994 年拆除，2008 年重建，依原樣復原，它是一幢非常典型的日式木造站房，屋頂突出三角形採光窗，給予木造建築公式增加韻律感，散發出素樸優雅的風格。

竹林　　　　　　　　　　　　歪歪

林鐵羅東線極為壯觀的一景，即火車通過歪仔歪橋。平埔族社名音譯的歪仔歪，十八世紀已有漢人到此墾殖。林鐵木橋亦稱歪仔歪橋，對照今天新建的歪仔歪橋，即能窺出當年此橋的筆直和氣勢。

歪歪

出自平埔族音歪仔歪

林鐵行駛歪仔歪橋上

歪仔歪上行一站的大洲，原瓦頂木造的站房廢置甚久，經年累月風吹雨打，四周荒蕪，乍看像一間破陋的民房，可見規模不大，僅有基本的玄關口和木製格子窗。但是今天重修的大洲車站，多了高台與迴廊，似乎與原格局不符，宛如一棟刻意打造的木屋別墅，與之原來的車站相去甚遠。不過，環境景觀的處理尚稱得宜，就單純視為一座新建的鐵道紀念小公園亦無不可。

大洲

原地重建後的車站已是偶像劇的熱門景點

整建後的大洲站

大洲 ───── **二萬五**

廢站後變成民宅

三星

廢站後附近成為公園與公車站候車室

1993 年三星鄉公所拆掉三星車站，2002 年鄉公所又亡羊補牢地於原址及周邊林場舊宿舍等，一併闢建為三星公園，並象徵性地鋪出一段軌道印象，同時立碑說明此處原為三星車站。

天送埤

完整保存木造車站，登錄為歷史建築

三星的次一站天送埤，是全線保存最為原始的一座木造車站，長年以來轉用為倉庫，一直都有老員工義務管理，所以維護程度良好。只是 1993 年的颱風來襲掀掉屋頂，一度淪為鐵皮屋。但是現今又恢復瓦頂了，甚至連站務室、售票房、時刻表等都保存完好如初。以重視鐵道文化遺產的角度而言，天送埤車站之倖存，是極為難能可貴的示範。

2000 年天送埤站附近草叢中，又發現小型蒸氣機關車掉頭的旋轉盤，目前亦安置於路邊一隅，提供人們想像老火車頭在狹窄的單線軌道上，如何轉身的技術問題。

天送埤的驛名標示牌尚存，上書「三星←→清水湖」。清水湖後來改名清水，1941 年新建蘭陽溪第二座水力發電廠——員山發電所，位於清水驛西北方。當火車通過土堤，與兩支二段式水壓大水管遙遙相望，兩種近代化產業風景在此交會，誠屬難得的勝景。

上圖 | 歷史建築天送埤站
下圖 | 員山發電所

三星

天送埤

已變民宅的牛鬥站

1970 年代初，有日本鐵道迷來到清水湖站拍下車站的驛名標示牌，上面標示出下一站為「牛鬪」，里程2.5公里。「牛鬪」後來簡寫為「牛鬥」，戰後長期戒嚴，在此設有入山檢查站。1970 年前後，另外建一座水泥平房為牛鬥車站。牛鬥廢站後變成民宅，仍原封不動地留存至今。

林鐵羅東線從羅東出發，直至天送埤，鐵路皆鋪在地面上，然而自天送埤開始到牛鬥的一段，沿蘭陽溪的山谷地形盡是懸崖，軌道只能架木橋在河床上，讓火車緩緩通過。開到了木橋盡頭立刻又鑽進山洞，像這樣珍貴的鏡頭，更屬鐵道絕景。

天送埤、牛鬥間總共有十六座橋樑，都是用木材密集交叉的橋墩，構成驚險刺激的棧橋。1978 年黛拉颱風來襲，受創最嚴重的就是此區間的橋樑，所以火車抵達天送埤之後，就需折返，天送埤站的旋轉盤就是應運這種火車掉頭的需求而設的。

天送埤、牛鬥間橋樑

車站今已成為民宅

清水

牛鬥

車站一名清水湖，站體已無存

濁水
— 公路修建後，站體與路面同高

牛鬥的次一站濁水，戰後根據台語諧音，改稱樂水，並拆建老舊木造站房，改為水泥站體，形式與牛鬥相似，如今已陷到路面下了。牛鬥、土場間有一座廢棄的隧道仍存在原地，只要河水不暴漲，還可以看得很清楚。

廢線後的濁水站，現站體已與公路路面同高

終點站土場
— 改建後做為林鐵土場車站歷史展示館

太平山入山口的土場，是羅東林鐵的終點，近年再重建的土場木造驛舍，原來的站場劃為停車場。依山一側展示著林鐵 1 號車及三輛客車車廂。

羅東林鐵各驛，均同時於 1979 年 8 月 1 日廢站。1982 年太平山林場全面停伐，既然無運輸木材的必要性，鐵道即步入歷史，從此林鐵羅東線消失於台灣的交通地圖。雖然鐵路沒有了，但殘存與修復的

停靠土場驛的運材列車

驛站，仍有跡可尋，是近年來社會各界重視產業遺產的最新成果。此外，羅東林管處也表示，未來羅東林鐵部分路段復駛是可期待的鐵道大事。

濁水　　　　　　　　　　　　土場

EAST　　　　　　　　　　　　WEST

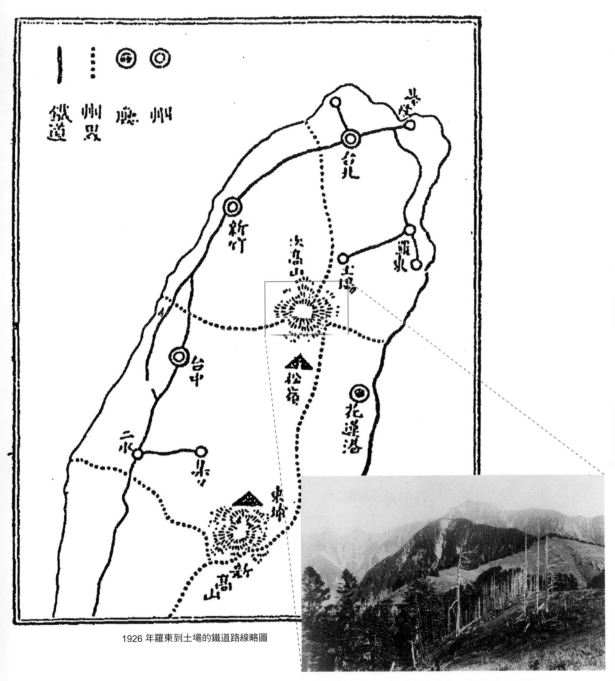

1926 年羅東到土場的鐵道路線略圖

台灣第二高峰雪山，日人取名次高山

阿里山鐵路的歷史軌跡

看見殘存的木造驛

阿里山鐵路是世界矚目的一條登山鐵道，初建時是伐木專線，林木禁採之後，轉型森林觀光鐵道，也是台灣現存唯一之林業鐵道。

縱貫鐵路尚未通車，1906 年以嘉義為起點的阿里山支線，已經開始興建，先築好嘉義至竹崎的平地段，其後續建登山鐵道，1914 年築到終點阿里山站，全線通車，全長 71.9 公里。

因為是登山鐵路，火車盤山繞行，其中攀越獨立山時，鐵道呈螺旋狀，是阿里山鐵路行進中極富魅力的一段。阿里山線早年的蒸汽火車也是令人著迷的特殊車種。

阿里山蒸汽火車異於一般蒸汽火車的地方，它並非靠橫桿連結動輪，往復驅動輪轉；而是由直立式汽缸上下撼動，轉動滾軸，以齒輪帶動車輪前進。這種美國製造的蒸汽火車，極適於行駛登山鐵道，目前阿里山鐵路仍有少數動態保存，遇節慶時也會粉墨登場。

登山鐵路車站的標高，由低海拔到高海拔，短時間內就有不同的溫度體驗。阿里山鐵路中途最大站的奮起湖，海拔 1405 公尺，終點阿里山站，標高 2274 公尺。

森林觀光鐵道阿里山線，為便利遊客觀日出，增建了祝山線，同時也修築伐木支線的眠月線到石猴。天然石的「石猴」奇景，已因 921 大地震而毀損，至為可惜。

美國製造的直立缸式蒸汽火車

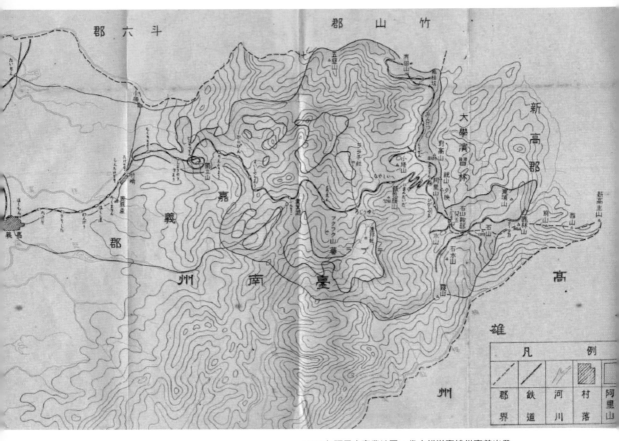

1939 年阿里山事業地圖，伐木鐵道專線從嘉義出發

阿里山登山列車

鹿麻產

　　阿里山鐵道平地線地段通車，隨即設站的鹿麻產，於 1984 年停業，二年後廢站，火車即過站不停，木造站房奇蹟似地保存至數年前才又出現全新的複刻版。站場內有一股筆直的鐵軌，是阿里山火車的通過線，這段鐵路是全線最筆直的路段。

　　原先殘存的鹿麻產車站，是一幢日式建築，屋脊兩側山牆下再延伸出屋簷，係日本寺院建築的一種形式，造型小巧精美。當時傾圮中的廢站，坐落幽深林木間，頗有遺世獨立的超然意境。

廢站閒置

原鹿麻產舊站

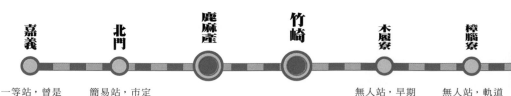

嘉義　　　　北門　　　　鹿麻產　　　竹崎　　　　木履寮　　　樟腦寮

一等站，曾是　　簡易站，市定　　　　　　　　　　　　　　無人站，早期　　無人站，軌道
縱貫線、糖鐵　　古蹟　　　　　　　　　　　　　　　　　　曾有製造木履　　呈 X 形折返線
與森鐵的轉運　　　　　　　　　　　　　　　　　　　　　之草寮而得名　　的折返式車站
中心

竹崎站

竹崎

　　竹崎是阿里山鐵路準備登山之前的車站，尚在服役中。站場寬廣，視野遼闊，一座木造驛舍靜靜傍立山村一隅，阿里山鐵道平地線通車時已落成啟用，至今已逾百歲。

　　竹崎車站出入口兩端反翹式遮雨棚，是極特殊的設計。支撐雨棚的支柱，也有別出心裁的柱形，這些支柱乍看以為是現代建築的鋼樑，其實是木條交叉而成的立體柱形。

　　阿里山登山鐵道每座車站都有海拔標記的銘板，竹崎標高 127 公尺，進站時有石階，入站後即是與地板等高、與車站等寬的月台，月台不高，正是窄軌火車底盤的高度，適合乘客上下，方便踏腳。

早期蒸汽火車頭噸位與前後位置更換的站場

阿里山 26 號出發

獨立山	梨園寮	交力坪	水社寮
無人站，鐵道以螺旋方式環繞獨立山	無人站，傳說中的祕境車站	山產與物資交會的站場	無人站，站房改設蝙蝠生態教育館

交力坪
Jiaoliping
梨園寮 ← → 水社寮
Liyuanliao　　Shueisheliao
3.5Km　　　5.6Km
海拔 997 公尺
Elev.997M
997 メートル記標高

EAST

阿里山郵戳

奮起湖

這是一幢留置原地，不再使用的舊車站，新車站蓋在它的北邊數公尺之處，下車後走向月台盡頭，就可以看到奮起湖原來的木造站。

奮起湖舊站現為林鐵員工辦公所，但車站形式與規格未變，是最典型的日本式驛舍建築，一度屋頂改為鐵皮浪板，不過仍沿著屋脊兩端的切角結構套上鐵皮，尚保存著幾分原味，如今已稍事重修。

阿里山林鐵的中途大站就是奮起湖，全線唯此站腹地最大，自起訖點同時對開的列車，約中午時分在此交會，剛好是用餐時間，「奮起湖便當」，就是這樣來的。

奮起湖根本沒有湖，而是三面環山的小盆地，狀似畚箕，舊名就叫「畚箕湖」。站場上尚存的木造車庫，停放著阿里山林鐵靜態保存的蒸汽火車。

原木造車庫已改設古老蒸汽火車展示場

原奮起湖木造站

奮起湖	多林	十字路	屏遮那
	原日文站名「多囉嗎」	無人站	無人站

EAST

左圖 | 阿里山神木 | 右圖 | 阿里山森林鐵道一景

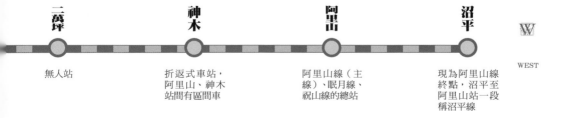

二萬坪	神木	阿里山	沼平
無人站	折返式車站，阿里山、神木站間有區間車	阿里山線（主線）、眠月線、祝山線的總站	現為阿里山線終點，沼平至阿里山站一段稱沼平線

WEST

chapter 05

環島的接連

環島鐵道願景成真 —— 北迴線與南迴線

CT 259　鐵　2011. 9. 9.　台南体育公園

環島鐵道願景成真──
北迴線
與南迴線

環島鐵路，其實也是日本統治台灣推動開山闢路的理想，只是當初非屬急迫性要務，總是被擱置一旁，並沒有真正進行規劃。否則，日本在1934年已經鑿通東海道線最長的丹那隧道成功，本州與九州的海底隧道，也是在第二次世界大戰中完成。照理說，施工技術並無問題，只是當時並不急著去做而已。

戰後到了蔣經國時代，始真正落實要建設台灣，開出支票要建設北迴鐵路，終於在1980年竣工，既然已經克服了鑿山架橋的艱鉅工程，連結台東到枋寮的鐵路也勢必在行，於是南迴鐵路緊接著起建，1992年環島鐵路網終於正式完工通車。

台灣環島鐵路從劉銘傳鐵路起始，歷經百年滄桑，終於築夢踏實。

舊下淡水溪鐵橋橋面橫跨高屏溪，現為國定古蹟

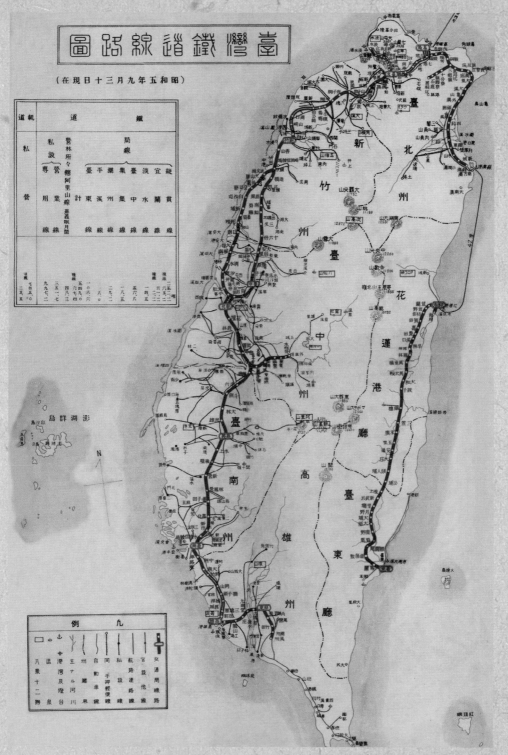

1930 年台灣鐵道線路圖，北迴線與南迴線還未見完整

北迴鐵路的小驚艷

二十世紀初台灣開始興建鐵路，推出陸運之王——蒸汽火車，奔馳在西部幹線與東部幹線上。但是蘇澳、花蓮之間，已於1932年開闢「臨海道路」（即蘇花公路），早期蘇花公路都是盤山而走的曲折迂迴路線，並不利於火車行駛，所以一直到戰爭結束，總督府雖曾有過調查，卻因工程難度太高而擱置，從此再也沒有為北迴鐵路做過任何規劃。

戰後很長的一段時間，蘇花公路只能進行車輛管制，分開時段單向行駛，1970年代以後，花蓮對外的交通，飛機是最便捷的交通工具，從而帶動了花蓮觀光事業的全盛時期。

北迴鐵路終於在1980年2月正式通車，它需克服超長的隧道及超長的跨橋工程，才能取得最短的時間和距離抵達花蓮。

1990年代起，北迴鐵路迭經雙軌化、電氣化、新鑿隧道等重大改善工程，

清水斷崖一景（崇德站）

清水斷崖聯絡道路

N

NORTH

蘇澳新	永樂	東澳	南澳	武塔	漢本
舊名南聖湖車站，北迴線起點	三等站，主要為台泥的運輸基地	二等站，主要為幸福水泥貨運使用	三等站，備有小站巡禮紀念章	招呼站，由南澳站管理	三等站，備有小站巡禮紀念章

例如北迴線上最長的觀音隧道原接近八公里長，新觀音隧道一舉突破十公里以上，登上當今台灣最長的山岳隧道寶座。

親自體驗北迴線則有一個「小驚艷」，當列車通過和仁、清水與崇德三個連續隧道，經長暗、窄明之瞬間，發現從和仁車站看到清和斷崖的尾端，又由崇德車站回望，赫然是清水斷崖的盡頭，所以入畫的不是車站而是車窗外的斷崖絕景。

北迴鐵路沿線車站建築，絕無「驚艷」話題，以寫生的角度來說，最有看頭的是站與站之間的車窗風景。

從和仁站望清和斷崖

和平	和仁	崇德	新城（太魯閣）	景美	北埔	花蓮
二等站，多做為和平水泥工業區與台泥站場使用	三等站，備有小站巡禮紀念章	三等站，備有小站巡禮紀念章	二等站，亞洲水泥貨運站場	乙種簡易站，停靠區間車	三等站	特等站，各級列車皆停靠

SOUTH

南迴線的山海旅路

　　環島鐵路最後完成的一環——南迴線，於北迴線完工半年後立即起造，經過十一個年頭至 1991 年竣工，翌年正式通車營業。南迴鐵路比北迴線的工程難度有過之而無不及，因位於更偏僻之地，不只鑿山架橋難，工作人員有狀況，救援亦難，但總算十一年艱辛的日子過了，一條山海旅路揭開了原本人跡罕至的島嶼尾閭，神祕而美麗的山間祕境，火車行走南迴線，也是鐵道旅行最能療癒人心，最令人讚嘆的一段旅路。

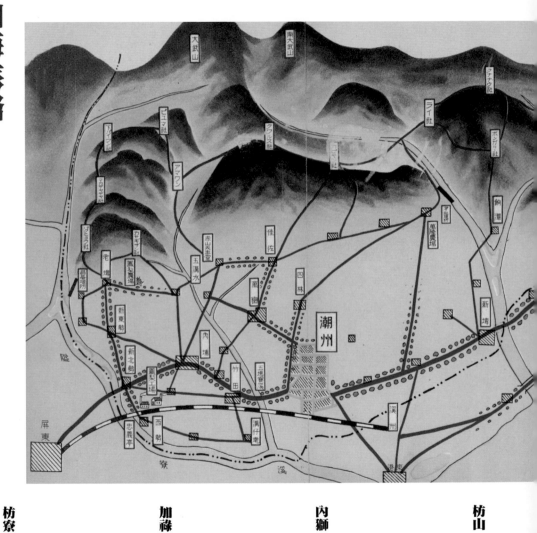

枋寮　　　　　　　　**加祿**　　　　　　　　**內獅**　　　　　　　　**枋山**

三等站，備有小
站巡禮紀念章

三等站，備有加
祿、內獅、枋山
三站之小站巡禮
紀念章

招呼站

招呼站

南迴鐵路的起點台東，是遷移現址的「台東新站」，亦即舊線時期的「卑南站」。以前從卑南北行前往花蓮，現在已擴建為「台東新站」，連結南迴鐵路，台東新站已是環島鐵路的轉運點，一開始即以一等站規模興建，有很大的站前廣場。原來卑南站南行至終點之台東舊站，是從前台東線終點，仍部分保存終端驛設施，作為鐵道文化園區。

因為南迴鐵路從台灣海峽穿過中央山脈末端之後，太平洋赫然在望，鑿

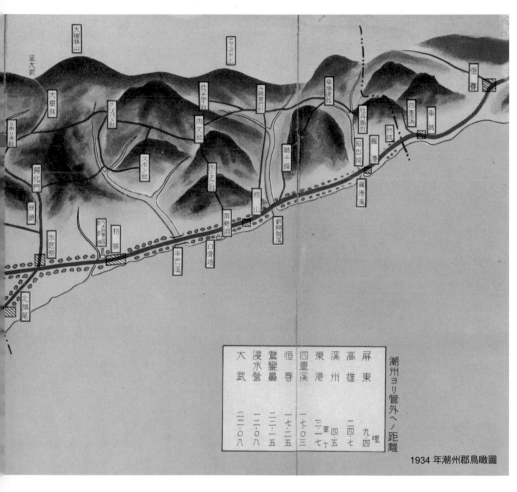

1934 年潮州郡鳥瞰圖

枋野	中央號誌	古莊
三等站，備有小站巡禮紀念章	無人號誌站	三等站，備有小站巡禮紀念章

N

NORTH

開中央山脈的「中央隧道」全長超過八公里，是當年台灣第一長隧道，後來才被北迴鐵路雙軌化新開鑿的「新觀音隧道」十公里餘之長度，打破紀錄。

太平洋這一邊，知本早就是知名的溫泉鄉，太麻里則是近年來元旦觀日出的熱門景點，天氣晴朗時從高高的車站可以遠眺到綠島。

緊臨太平洋的多良站，如今已是知名的「祕境驛」，但所謂祕境本是無人煙，鮮為

南迴線中央隧道

人知的荒村小站，不過若稱之為祕境驛，多良依然有其基本條件，就是它處在汽車開不到的斷崖之間，沒有站房，火車班次少之又少，一邊靠山一邊面海，連月台都還是懸空架設於懸崖上的。

二十多年前筆者從枋寮準備前往多良車站，購票時站務員遍尋卡式票櫃，竟找不到多良這一站票卡，因為那時候幾乎沒有人會在這荒郊野外的海岸月台下車吧！所以站務員只好開立一張手寫的車票，當時拿到這張特別的火車票，心中還竊喜，賺到了呢。

台東車站

枋寮往多良的手寫車票

大武
三等站

瀧溪
甲種簡易站

多良
已廢站，祕境驛

金崙
三等站，備有小站巡禮紀念章，為溫泉觀光區

「祕境驛」多良站

N

NORTH

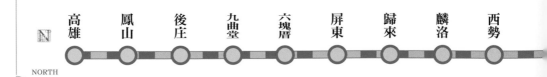

（一九一三），以四十歲英年客死異鄉。

現在西部幹線列車維修、出發及回送的大本營，已設在潮州，所以從屏東到潮州間鐵路高架化，屏東車站與潮州車站均徹底改觀。有趣的是潮州站設計如浪潮般的屋頂，頗符合「潮州」之意象。

列車南下出潮州車站已走在路面，通過連站房也沒有的鎮安之後，奇怪，怎麼到了林邊又往上爬行上高架？原來這一帶經常水患，一旦鐵道被淹沒，必影響到南迴鐵路的正常運行，所以單純將林邊車站及兩端鐵道高架化。

屏東線唯一木造驛舍，是潮州回屏東的前一站竹田，一九一九年即已設站，一九三九年改建為現在的樣子，本來也打算拆除，經地方人士力爭下才保留至今。竹田車站現在已高架化，木造站房維持留在原地，連同一旁號稱「亞細亞最南端的日文圖書館」之池上一郎圖書館等闢成「竹田驛園」。

林邊車站
Linbian Station

上圖 | 林邊車站
下圖 | 舊竹田木造車站

N
NORTH
高雄
鳳山
後庄
九曲堂
六塊厝
屏東
歸來
麟洛
西勢

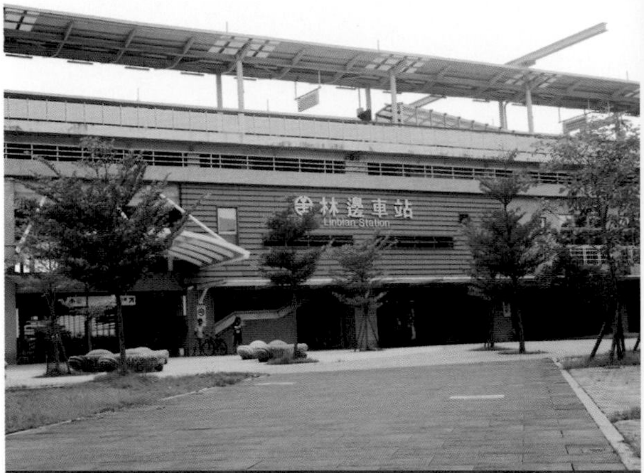

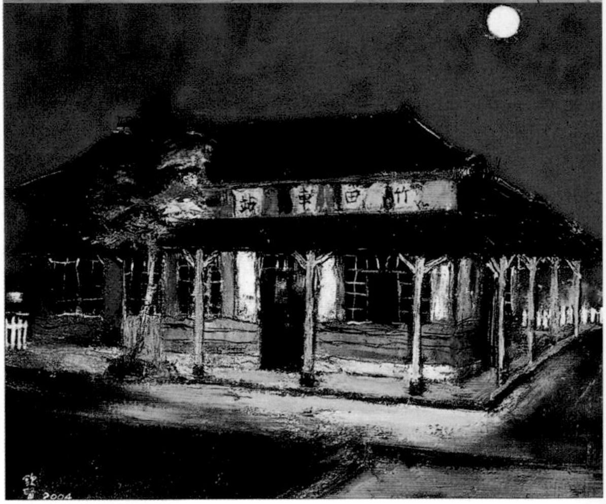

屏東線

屏東線並非一開始興建就規劃到枋寮。台灣縱貫鐵道初通時,先從高雄延伸到九曲堂,稱「鳳山線」。一九一四年高屏溪鐵橋完工後,又通到屏東,改稱「潮州線」,直到一九四一年火車才能抵達終點枋寮,其後始定稱為「屏東線」。屏東線幾經波折,一直被當作支線看待,今天,屏東線已經是環島鐵路其中的一個環節了。

一九八〇年代高屏鐵路雙軌化工程,新建的雙軌高屏溪鐵橋於一九八七年完工,舊鐵橋功成身退,但保留現場十多年之後,卻被一場颱風折斷。現在九曲堂這一端橋頭已劃出參觀動線,民眾可以進到園區搭乘電梯上到鐵橋入口,再徒步上橋,體驗一下這座曾經是台灣第一長鐵橋的思古幽情況味。

九曲堂車站南端有一座「紀念碑」,上書石刻漢文簡述督造高屏溪鐵橋工程師飯田豐二,因積勞成疾,一病不起,於橋樑即將落成的前一年

高屏溪鐵橋工程師飯田豐二的紀念碑

上圖|颱風折斷高屏溪鐵橋
下圖|設計新潮的潮州車站

竹田　潮州　崁頂　南州　鎮安　林邊　佳冬　東海　枋寮

chapter 06

一日生活圈

台灣鐵道新紀元──台灣高鐵

台灣鐵道
新紀元——
台灣高鐵

日本新幹線催生者島秀雄

鐵路新紀元

二十世紀最後一年（1999），台灣西部開始逐段架設起一條「空中走廊」，劃過人煙稠密市鎮之外圍，新建高速化南北交通的大動脈。同樣是台灣鐵道，縱貫鐵路最初是貼著地面連成一線，1908 年竣工；今天，台灣高速鐵路則採全線高架，2007 年完成。兩者全線通車相距九十九年，不僅是交通速度的革新，也是台灣島上的空間革命。

日本新幹線首度輸出

日本第一條新幹線是 1964 年 10 月 1 日，東京至新大阪領先通車，以迎接十天後的東京奧運開幕，是戰敗後的日本，首次令國際刮目相看的科技創舉。

新幹線溯源是戰前日本人的廣軌之夢和「彈丸列車」（子彈列車）的發想。廣軌即國際標準軌的寬軌（1435㎜），曾任台灣民政長官的後藤新平，後來出任日本鐵道院總裁時，極力提倡全國線路寬軌化，可是適逢政權輪替的新內閣，卻認為建新線比改軌重

700T 型進站中 / 陳正桓提供

要而被擱置下來。

1937 年之後，日本政府又有「彈丸列車」計畫，指示東京到下關間新建廣軌鐵路，研究製造時速超過 160 公里的彈丸列車，並且於 1943 年開始試掘新丹那隧道，然而隨著戰局惡化，僅在熱海入口開鑿五百公尺即行停工，畢竟第二次世界大戰粉碎了彈丸列車的夢想。

新幹線之父

日本新幹線催生者島秀雄（1901-1998），是戰後改組的國鐵技師長。當時，汽車已是主力交通工具，在歐美「鐵道斜陽論」亦甚囂塵上，但是島秀雄在國鐵總裁十河信二的支持下，戮力研發鐵路高速化，1963 年終於開發出第一代新幹線「0 系」車種，最高時速達 210 公里。同年東海道新幹線還未正式通車，國鐵總裁居然背負新幹線預算透支的責任而下台，島秀雄也跟著同進退。所以翌年（1964）新幹線的通車典禮，國鐵總裁十河氏是「新幹線之父」；國鐵技師長島秀雄是「創造新幹線之男」，兩人都未獲受邀出席。

如今新幹線鐵道網已布滿全日本，經過四十年之後台灣高鐵引進日本新幹線核心機電系統，則是日本新幹線首度輸出。

台鐵接駁高鐵的車站

2004 年台灣高鐵 700T1 號車，在日本神戶出廠，再從神戶運抵高雄，距日本第一條東海道新幹線上路，正好四十年，700T 型是日本新幹線第五代機種，時速 300 公里。

1999 年高鐵土木工程興建中發生 921 大地震，以及前一年德國高鐵 ICE 脫軌事故，於是同屬地震帶與四十年零事故的日本新幹線，獲得台灣高鐵的信賴並進而採購。

台灣高速鐵路全長 345 公里，2007 年 1 月通車，北端起迄點南港站，則至 2016 年 7 月 1 日開業，台灣高速鐵路正式全通。

直達車停靠台北、板橋、台中、左營。半直達車多停桃園、新竹、嘉義、台南。2015 年新增苗栗、彰化、雲林三站，加上直達與半直達，除起點之外總共十一站列為各驛停車。全線車站中南港、台北、板橋、桃園為地下車站，其餘都高架化，唯一在地面的高鐵站只有左營。

高鐵南港站

新竹

（菁桐）

台鐵六家線是沿內灣支線途中叉出一站，至終點六家站，便於與高鐵新竹站接駁，是 2011 年 11 月落成的車站。高鐵苗栗站離台鐵豐富車站最近，是以台鐵豐富車站正在重建一座離高鐵苗栗站更近的新站，至本書截稿前仍在施工中。高鐵苗栗站的玄關列柱設計簡潔俐落是其特色。

車站建築曾代表台灣館參加二〇〇二年第八屆威尼斯建築雙年展

上圖 | 六家車站 ｜ 下圖左 | 興建中的豐富車站新站 ｜ 下圖右 | 高鐵苗栗站

N

NORTH

南港	台北	板橋	桃園	新竹（六家）
2016 年 7 月 1 日啟用，與台鐵、捷運共構	與鐵道、捷運共構車站	與鐵道、捷運共構車站	因靠近機場，月台地下化	

高鐵台中站與台鐵接駁的「新烏日站」，於高鐵通車前一年已先啟用，高鐵、台鐵兩站之間有通道銜接。

台灣高鐵的山岳隧道，於南下列車駛出台中站不久，鑽入全線最長的八掛山隧道，再通過四短隧，即抵達高鐵彰化站。彰化站站體內的棟柱呈花瓣形，與室內圍繞的植栽相呼應，寬敞中透著綠意，高鐵彰化站曾獲得國際建築大獎。

左圖 | 新烏日車站 | 下圖 | 高鐵彰化站大廳以花瓣意象營造

台中（新烏日）

與台鐵新烏日車站共站

苗栗

台中（新烏日）

2015 年 12 月
1 日通車營運

高鐵台中站月台

SOUTH

台南
（沙崙）

可由高鐵站轉乘台鐵接駁市區的沙崙車站

　　高鐵台南站與台鐵沙崙線的沙崙車站接駁，不需出站即有通道互連。台鐵沙崙線系接續中洲車站延伸到終點沙崙，此線於 2011 年 1 月 2 日啟用通車。

與台鐵沙崙車站共站

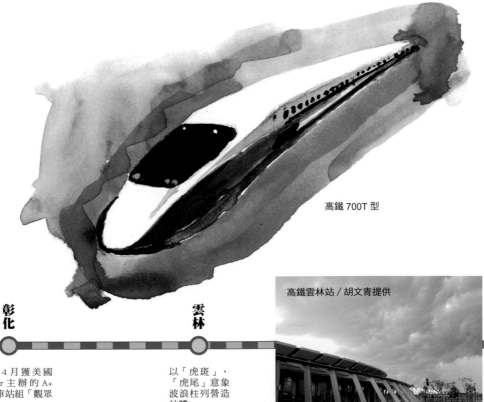

高鐵 700T 型

高鐵雲林站／胡文青提供

彰化
2016 年 4 月獲美國 Architizer 主辦的 A+ 建築獎車站組「觀眾票選獎」

雲林
以「虎斑」、「虎尾」意象波浪柱列營造站體

　　台鐵與高鐵相互接駁的必要性，是全線除台北、板橋居市中心之外，其他各站皆離市區甚遠。但是左營為三鐵共構，早就可以直通高雄車站。台鐵與高鐵左營的接駁站稱「新左營車站」。

新左營車站

與鐵道、捷運共構車站

台南
（沙崙）

左營

SOUTH

chapter 07

懷舊旅路

活化廢線跡

活化
廢線跡

　　針對早就廢線，而且都快被遺忘，甚而地點隱密，很難到達，或被困於圍籬之中的廢車站，這些線路或火車站，經過長時間的荒廢，如今也逐漸在地方政府與在地關心史蹟的人士推動下，有幾處遺跡已重新活化，蛻變成結合人文與自然的觀光熱線，提供民眾更多休閒旅遊的選擇。當然，上文中也舉過一些沿著主線棄置一旁的舊線跡，如苗栗功維敘舊隧與猴硐連續隧道等，亦皆有所轉型。以下介紹超久的廢線跡，超長的舊線路，現在正是超人氣的舊鐵道新亮點。

獅球嶺隧道

1935 年的大地震的震災區域，山線鐵道嚴重受損

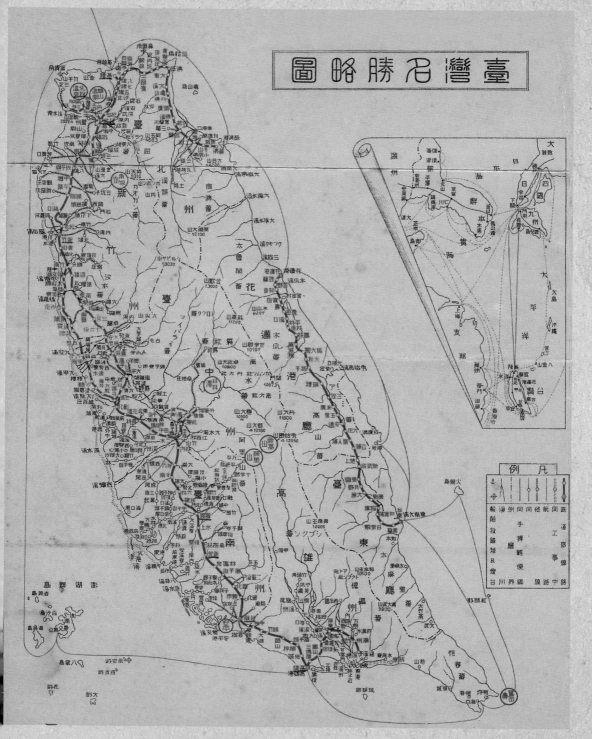

1935 年台灣名勝略圖

舊山線斷橋

舊山線最出名的遺構是「龍騰斷橋」，原稱「魚藤坪橋」，「龍騰」是當今的地籍名稱。它是 1935 年總督府定名的「新竹、台中州大地震」，震毀之後的一座遺跡，兩端磚造拱形橋墩，中間連結桁架鋼樑的廢棄之鐵道橋。因震災後磚造結構龜裂，鋼樑倒塌，重建舊山線時放棄斷橋，另在旁邊新建水泥橋墩新橋，供三年後復駛的舊山線列車行駛。因安全顧慮，最後才敲掉斷橋易落的磚頭，並移走鋼樑殘骸，留置這座遭受空前大地震侵襲的歷史見證。

經過數十年風吹雨打之後，它仍屹立在原地，卻也很少人會去注意。戰前的大地震；戰後也不曾引為教訓，所有橋墩腰部以下早就陷入樹叢中。儘管舊山線時代，每天來來往往的列車都會經過此處，但只有被少數鐵道迷視為私密景點。直到近年來全民古蹟意識覺醒，斷橋名氣越來越大，才重新整頓出可以親近，可以一睹斷橋風采的汽車動線，連遊覽車也能開到橋下了。現在的龍騰斷橋天天都是車水馬龍，觀光客絡繹不絕，昔日孤絕身影，只待成追憶。

1995 年，筆者循著山路走到欣賞橋墩最佳位置的一幢農家庭院前，直逼斷橋寫生。記得附近只有草木掩映的小徑，少有聚落，亦不見河川，舉目是一片莽莽的山林。彼時新山線仍在施工，不遠處仍有山線列車通過新橋，此一畫面也是舊山線時代真實的光景。直到 1998 年之後，舊山線切換新山線，如今這一幕也走進歷史了。

舊山線龍騰斷橋

宜蘭線鐵道工程建設最大難關，就是卡在草嶺隧道，當年號稱台灣最長山洞，全長二公里餘，穿鑿非常艱鉅，曠日費時。1924年貫穿草嶺隧道後，宜蘭線始全線通車。

1980年雙軌化新草嶺隧道竣工，服役達五十六年的草嶺舊隧道，從此隱退。功成引退之後的草嶺舊隧道，一直棄置原地，連當地人也都淡忘了。

舊草嶺隧道兩端坑口皆有題字，近福隆車站這一端，由1919年升任鐵道部長的新元鹿之助手書「制天險」。他是1925年鐵道部納入總督府擴大編制為「交通局」，管轄鐵道部之前，最後一位尚直隸總督府的鐵道部長。隧道另一口坑門匾額，也有賀來佐賀太總務長官的題字，草書「白雲飛處」。

2005年草嶺隧道拆除兩端坑口封牆，2008年修整為鐵馬道，草嶺隧道終獲重生，一邊穿越清涼的隧道，一邊感受舊隧之思古幽情。

草嶺隧道

上圖 | 鐵道部長新元鹿之助手書「制天險」
下圖 | 賀來佐賀太總務長官的題字「白雲飛處」

后豐鐵馬道

1935 年中部大地震，舊山線全毀，卻只有大甲溪鋼樑鐵橋無恙。1998 年新山線啟用，舊山線的大甲溪鐵橋也跟著退休，橋頭緊臨的是舊山線最後一座隧道（9號隧道），南下火車穿越過這個山洞立上大甲溪橋，然後才直驅豐原。現在已將舊隧道與舊鐵橋轉型為鐵馬道，起點在后里這一端，目前已成為中部最夯的旅遊新動線。

建設縱貫鐵路最大難關在舊山線，沿途皆陡坡，山洞多、橋樑多，待 1908 年 4 月 20 日通車的前一刻，亦即同年 4 月初，最後工程大甲溪鐵橋六座鋼樑才組裝完成，是以保存大甲溪鐵道橋，具有相當的歷史意義。

大甲溪舊鐵橋

「故吉次茂七郎君之碑」

「制天險」坑口外有一座紀念碑，至今猶存。那是為紀念興築隧道而殉職的鐵道英雄吉次茂七郎而立的。吉次氏是隧道技師，宜蘭線第二長隧三貂嶺隧道也是他督工的。草嶺隧道貫通前一年，亦即一九二三年一月，吉次茂七郎感染黑水熱，不治去世，享年僅三十四歲。

鐵道技師吉次茂七郎紀念碑

　　1997 年筆者至現場畫糖鐵旗山站，讚嘆遍歷台灣鐵道，不曾發現過像旗山站如此充滿童趣，宛若西洋童話小屋的火車站。旗山站正門玄關的水泥遮棚是後來改建的，與原來設計不太搭調，早年進站後的站場，原有兩股輕便小火車的鐵軌，當初有個站名牌，書寫「蕃薯寮」。自從 1982 年廢站後，站場封閉，閒置了很久，直到近年才重修開放，但已不見鐵軌。

　　蕃薯寮是旗山舊名，也是因糖業而興起的糖鄉。以橋頭糖廠為大本營的台灣製糖株式會社，成立旗尾糖廠，1911 年鋪設運蔗鐵道旗尾線，從這裡直抵九曲堂。1922 年運蔗小火車開放客運，糖鐵旗山站也隨之落成。戰後旗尾糖廠改名為旗山。

　　隔十七年之後再訪旗山，曾經廢置的車站已修復完成，筆者新繪的構圖是車站內側一景。整修過的旗山站現在也成了熱門景點，大家都爭相和這座童話小站拍照留念，假日遊客擠滿了旗山狹窄的街道，車站對面有石塊砌成的老屋，也能讓人聞嗅出早年旗山香蕉王國與甜蜜蔗香的繁盛與滄桑。

上圖｜造型有如夢幻糖果屋的糖鐵旗山站
下圖｜整修後的旗山站一景

重修糖鐵火車站旗山

環島鐵道
戳戳樂

遊記曾經的旅路足跡

國家圖書館出版品預行編目資料

圖解台灣鐵道世紀 / 李欽賢著.
-- 初版. -- 台中市：晨星, 2016.09
　面；　公分. --（圖解台灣；13）
ISBN 978-986-443-170-0(平裝)

1.鐵路史 2.台灣

557.26339　　　　　　　　　　　　105014084

圖解台灣　13
圖解台灣鐵道世紀

作者	李 欽 賢
主編	徐 惠 雅
執行主編	胡 文 青
美術設計	陳 正 桓
封面設計	柳 佳 璋

創辦人	陳銘民
發行所	晨星出版有限公司 台中市407工業區30路1號 TEL：04-23595820　FAX：04-23550581 E-mail：service@morningstar.com.tw http：//www.morningstar.com.tw 行政院新聞局局版台業字第2500號
法律顧問	陳思成律師
初版	西元2016年09月20日
郵政劃撥	22326758（晨星出版有限公司）
讀者服務專線	04-23595819#230

印刷	上好印刷股份有限公司

定價 450 元
ISBN 978-986-443-170-0
Published by Morning Star Publishing Inc.
Printed in Taiwan

請填妥後對折裝訂，直接投郵即可，免貼郵票。

407
台中市工業區 30 路 1 號

晨星出版有限公司

⸺⸺ 請沿虛線摺下裝訂，謝謝！ ⸺⸺

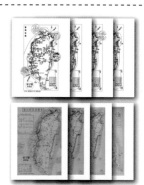

填問卷，送好禮：

凡填妥問卷後寄回，只要附上60元郵票（工本費），
我們即贈送好書禮：
「鐵道懷古郵戳明信片No1.：鐵道古郵戳」以及
「鐵道懷古地圖明信片No.2：鐵道古地圖」兩組八張

以圖解的方式，輕鬆解說各種具有台灣元素的視覺主題，並涵蓋各時代風格，其中包含
建築、美術、日常用品、食品、平面設計、器物……以及民俗、歷史活動等物質與精神
的文化。趕快加入【晨星圖解台灣】FB 粉絲團，即可獲得最新圖解知識以及活動訊息。

晨星出版有限公司編輯群，感謝您！

贈書洽詢專線：04-23595820 #113